入門税務調査

小説でつかむ改正国税通則法の要点と検証

八ツ尾順一

法律文化社

はじめに

本書『入門 税務調査―小説でつかむ改正国税通則法の要点と検証』は、プロフェッショナル（Profession Journal）で一年間（公開日：二〇一二年一二月一八日〜二〇一三年一二月九日）、ネットで有料配信した記事をベースとして出来上がったものである。

平成二三（二〇一一）年度の税制改正で国税通則法が見直され、税務調査について、多くの事項が法律で定められた。これらの内容については従前とあまり異なることはないのであるが、法律で詳細に規定されたがゆえに、税務署も納税者も試行錯誤を繰り返しながらこの法律に対処している。

本書は、改正国税通則法によって、税務署の内部においてどのような問題が生じるのかについて、小説風に記述したものである。主として法人課税部門の渕崎統括官（五七歳）、田村上席調査官（四二歳）そして山口調査官（二七歳）の三名を登場させ、それぞれの立場から、改正国税通則法後の税務調査のあり方等について検討している。

ここで行われている会話などは、筆者が想定したもので、また登場している税務職員はもちろん、調査対象法人や社長、税理士等もすべて架空である。しかしながら、そこで議論・検討されている事柄は実際に現場において発生しているもので、これらについて私見を含めて、異なる意見を多面的に述べている。会話を中心として税務調査の議論が展開されているので、ある意味では、読者にとって

本書の主な登場人物

渕崎統括官　（57歳）
……河内税務署法人課税第三部門勤務

田村上席調査官　（42歳）
……河内税務署法人課税第三部門勤務

山口調査官　（27歳）
……河内税務署法人課税第三部門勤務

税務署（法人課税部門）職制図

署　長
｜
副署長
｜
統括官
｜
上席調査官
｜
調査官
｜
事務官

読みやすくなっているのではないかと自負している。また本書では、各Chapter《チャプター》に関連する資料をできるだけ多く添付している。改正国税通則法にともなって国税庁等から新しい様式の資料が出されたため、これらの資料の活用も考慮し、関連するChapterごとに配置している。

本書を読むことによって、改正後の税務調査の具体的な変化等を知ることができれば、筆者の企図はほぼ叶えられたと言ってもよい。Chapter **1**からChapter **21**と三つの***Column***《コラム》は、気軽に読んでもらえるように、三人の税務職員を主人公として小説風に記述している。しかも会話をメインとして議論が展開されていることから、読者も会話の中に参加して、その議論の内容について考えることができるのではないかと思っている。

本書のタイトルは『入門 税務調査』としているが、その内容は入門というレベルにとどまるものではなく、新しい国税通則法の下での税務調査の問題点などを検証していることから、かなり深度のある内容になっている。

読者からの忌憚のないご意見を期待している。

なお、本書では扱っていないが、税務訴訟に関心がある読者は、既刊の『新装版　入門　税務訴訟』（清文社）を読んでもらえれば、訴訟の一連の流れを理解できるであろう。

最後に、ネット上で掲載された記事を本書で使うことに快く承諾していただいた（株）プロフェッショネットワーク（編集：坂田啓氏）に謝意を示すとともに、本書の企画・編集・校正等で大変お世話になった法律文化社・編集部の上田哲平氏には、ここに厚くお礼を申し上げたい。

二〇一四年八月

八ツ尾　順一

目　次

Ⅰ

改正国税通則法にもとづく税務調査の流れ

Chapter **1**

事前通知

「おーい、山口君」

渕崎統括官が山口調査官を呼ぶ。

法人課税第三部門は、この二人以外は全員税務調査に出ているため、誰もいない。

「来週から調査に行く準備はできているの？」

山口調査官は、先ほどから二〇分余り、机の引出の中を一生懸命に探っている。渕崎統括官の声で、手を止めて、顔を上げる。

「まだ……調査を選定していた相手先には、連絡していないのですが……」

山口調査官は、小さな声で返事をする。

渕崎統括官の顔が歪む。

「まだ……一体、どういうことなんだ！」

小柄な渕崎統括官の高い声が、誰もいない部屋に響く。

「今日はもう木曜日だろう！　相手先に連絡して、来週の月曜日から税務調査をさせてくれと言っても、相手先は困るだろう。事前通知は余裕を持たなければ」

渕崎統括官は、山口調査官を睨みながら言う。

「早く、調査予定の会社に連絡しろよ」

渕崎統括官は黙って俯いている山口調査官を見ながら、少し、怒りすぎた自分を反省する。

「ところで君は、新しい税務調査の手続は知っているだろうな」

渕崎統括官は、山口調査官を見て不安に思った。

「ええ、新しい国税通則法の研修は受けましたから、ある程度は知っていますが」

山口調査官は、自信のある声で答える。

「そうか、『事前通知』については、すでに平成二四（二〇一二）年一〇月から改正国税通則法に従って実施しなければならなくなっているから……」

渕崎統括官は語気を強める。

「そうそう、事前通知をするのは、納税義務者と税務代理人だからな。わかっていると思うけれど」

「税務代理人って、税理士ですよね」

山口調査官が確認する。

「当たり前だ！」

渕崎統括官の声が高くなる。

「しかし、税務代理人って、『税務代理権限証書』を税務署に提出した税理士等のことなんですよね」

いつの間にか、山口調査官は改正国税通則法を持っている。

「確かに、そうだ」

渕崎統括官は小さく頷く。

「ということは、この税務代理権限証書を提出していない税理士に対しては、事前通知をしなくても良いのですね」

今度は、山口調査官の声のトーンが若干高くなる。

渕崎統括官は、手もとにある税務六法を見る。

「……確かに、君の言うとおりだ。しかし今までは、申告書の『税理士署名押印』欄に記載があれば、それで連絡していたのだが」

「しかし、それは単に、申告書を作成したというだけの意味しかない……つまり、通則法にいう税務代理人ではない」

山口調査官は意地悪そうに言葉を発する。

「そうだが……申告書の署名から税理士の関与が把握できるから、とりあえず納税者にその旨を確認して、了解を得てから、関与税理士に対して税務代理権限証書を提出するように求めたらどうかね。今までの慣行を重んじて……」

渕崎統括官は、子供を諭すように言う。

「それに、国税庁の公表している『税務調査手続に関するＦＡＱ（一般納税者向け）』にも次のように書かれている」

渕崎統括官は、そのコピーを山口調査官に見せる。

> 今般の改正は、税務調査手続の透明性及び納税者の予見可能性を高め、調査に当たって納税者の方の協力を促すことで、より円滑かつ効果的な調査の実施と、申告納税制度の一層の充実・発展に資する等の観点から、調査手続に関する従来の運用上の取扱いを法令上明確化するものであり、基本的には、税務調査が従来と比べて大きく変化することはありません。

「……そうですね。それではまず納税者に連絡して、関与税理士が税務代理人であることを確認してから、税理士に連絡します。たしか、僕の税務調査を予定している会社の税理士は、なぜか税務代理権限証書を提出していないケースが多い」

山口調査官は、机の上に積まれている法人税の申告書を見ながら言う。

壁に掛けられている時計の針は、午後の三時を示している。

「とりあえず、早く納税者に税務調査に行くことを通知しなさい」

まだFAQを読んでいる山口調査官に、渕崎統括官は催促する。

「ええ、でも、その前に探さなければならない……」

山口調査官は呟きながら、再び引出の中を探り始めた。

「何を探しているの？」

渕崎統括官は怪訝そうに尋ねる。

「……ええ、私の……身分証明書と……質問検査章が見当たらないので……」

山口調査官は頭を掻きながら、ボソボソと答える。

「何！　そんな大事なものを無くしたら大変なことになる……」

山口調査官は、渕崎統括官の言葉で一瞬、青ざめる。

「それがなければ税務調査なんかできない。始末書を書いてもらわなければ」

渕崎統括官が怒鳴った瞬間に、「統括官、ありました！」と山口調査官は大きく叫んだ。

「……」

山口調査官のホッとした表情を見て、渕崎統括官は苦笑いをした。

【解説】

❖ 事前通知の関係条文等

事前通知の条文および通達は左記のとおりであるが、事前通知にあたって、納税義務者または税務代理人のどちらを先に通知するかについては法令の規定はないことから、いずれを先に通知しても良いと解されている。

〔国税通則法七四条の九第一項〕

税務署長等（国税庁長官、国税局長若しくは税務署長又は税関長をいう。以下第七四条の一一（調査の終了の際の手続）までにおいて同じ。）は、国税庁等又は税関の当該職員（以下同条までにおいて「当該職員」という。）に納税義務者に対し実地の調査（税関の当該職員が行う調査にあっては、消費税等の課税物件の保税地域からの引取り後に行うものに限る。以下同条までにおいて同じ。）において第七四条の二から第七四条の六まで（当該職員の質問検査権）の規定による質問、検査又は提示若しくは提出の要求（以下「質問検査等」という。）を行わせる場合には、あらかじめ、当該納税義務者（当該納税義務者について税務代理人がある場合には、当該税務代理人を含む。）に対し、その旨及び次に掲げる事項を通知するものとする。

① 質問検査等を行う実地の調査（以下この条において単に「調査」という。）を開始する日時
② 調査を行う場所
③ 調査の目的
④ 調査の対象となる税目
⑤ 調査の対象となる期間
⑥ 調査の対象となる帳簿書類その他の物件
⑦ その他調査の適正かつ円滑な実施に必要なものとして政令で定める事項

〔国税通則法基本通達七－一〕

実地の調査の対象となる納税義務者について税務代理人がある場合における法第七四条の九第一項の規定に

よる通知については、納税義務者及び税務代理人の双方に対して行うことに留意する。

ただし、納税義務者から同項各号に掲げる事項について税務代理人を通じて当該納税義務者に通知して差し支えない旨の申立てがあったときは、当該税務代理人を通じて当該納税義務者へ当該事項を通知することとして差し支えないことに留意する。

なお、ただし書きによる場合においても、「実地の調査において質問検査等を行わせる」旨の通知については直接納税義務者に対して行う必要があることに留意する。


〔平成二六（二〇一四）年度の税制改正 → 国税通則法七四条の九に五項が追加された〕

納税義務者について税務代理人がある場合において、当該納税義務者の同意がある場合として財務省令で定める場合に該当するときは、当該納税義務者への第一項の規定による通知は、当該税務代理人に対してすれば足りる。

＊ 税理士法三四条にも、同様の内容で、二項が追加された。

前項の場合において、同項に規定する申告書を提出した者の同意がある場合として財務省令で定める場合に該当するときは、当該申告書を提出した者への通知は、同項に規定する税理士に対してすれば足りる。

❖税務代理権限証書

平成二六（二〇一四）年度税制改正によって、「税務代理権限証書」【図1-1】に、納税義務者への事前通知は税務代理人に対して行われることについて同意する旨の記載がある場合には、その納税義務者への事前通知は、その税務代理人に対して行えば足りることとされた。それにともなって税務代理権限証書の様式が改訂され、改訂後の税務代理権限証書には、「過年分に関する税務代理」欄および「調査の通知に関する同意」欄が設けられた（平成二六年七月一日以後に行う事前通知から適用。なお、当分の間は改訂前の様式も使用可）。

図1-1　税務代理権限証書

受付印

税務代理権限証書　　※整理番号

年　月　日 殿	税理士 又は 税理士法人	氏名又は名称	
		事務所の名称及び所在地	電話(　　)　－ 連絡先　電話(　　)　－
		所属税理士会等	税理士会　支部 登録番号等　第　号

上記の 税理士／税理士法人 を代理人と定め、下記の事項について、税理士法第2条第1項第1号に規定する税務代理を委任します。

年　月　日

過年分に関する税務代理	下記の税目に関して調査が行われる場合には、下記の年分等より前の年分等（以下「過年分」といいます。）についても税務代理を委任します（過年分の税務代理権限証書において上記の代理人に委任している事項を除きます。）。【委任する場合は□にレ印を記載してください。】	□
調査の通知に関する同意	上記の代理人に税務代理を委任した事項（過年分の税務代理権限証書において委任した事項を含みます。）に関して調査が行われる場合には、私（当法人）への調査の通知は、当該代理人に対して行われることに同意します。【同意する場合は□にレ印を記載してください。】	□

依頼者	氏名又は名称	㊞
	住所又は事務所の所在地	電話（　　）　－

1　税務代理の対象に関する事項

税目（該当する税目にレ印を記載してください。）		年分等
所得税（復興特別所得税を含む）※申告に係るもの	□	平成　年分
法人税（復興特別法人税・地方法人税を含む）	□	自 平成　年　月　日　至 平成　年　月　日
消費税及び地方消費税（譲渡割）	□	自 平成　年　月　日　至 平成　年　月　日
所得税（復興特別所得税を含む）※源泉徴収に係るもの	□	自 平成　年　月　日　至 平成　年　月　日（法定納期限到来分）
税	□	
税	□	
税	□	
税	□	

2　その他の事項

※事務処理欄	部門	業種		他部門等回付	・　・　（　　）部門

今後、税務代理権限証書を作成する際には、①納税義務者にこの制度を説明し、「事前通知に関する同意」の有無を確認するとともに、②「事前通知に関する同意」が示された場合には、税務代理権限証書にその旨を記載することになる。

❖調査対象の選定

調査の担当者は、納税者の過去の申告状況および調査事績（過去に不正がなかったか）、提出された申告内容の疑義、これまで税務署において収集された納税者に関する資料（税務調査の選定上、大きな影響を与える資料せんとして「重要資料せん」「査察連絡せん」などがある）、そして各種分析等を通じて、調査対象の選定が行われる。

Chapter **2**

留置き

「ごくろうさん」

渕崎統括官が山口調査官に声をかける。

山口調査官は軽く会釈して、自分の机の上に、分厚く膨らんだ鞄を置いた。

山口調査官は疲れ切った表情で、黒い鞄の中から書類を無造作に出している。

「今日の調査はどうだった？」

渕崎統括官は、調査から帰ってきた山口調査官の机の傍までやってきて尋ねる。

山口調査官は曖昧な笑みを浮かべている。

「最悪ですよ……納税者が極めて税務調査に非協力で……」

顔は微笑んでいるが、ゆっくり話す言葉には怒りが含まれていた。

「私が提示を求める書類について、いちいちその理由を聞くため時間がかかって調査が一向に進まないし、おまけに税理士も納税者と一緒になって、こちらの依頼することをすぐにやってくれない。

本当に、腹立たしいですよ！」

山口調査官の顔からは、すでに笑みは消えていた。

「そりゃあ、この世の中、税務調査に協力的な納税者ばかりいるわけでもないからな」

今度は、渕崎統括官が苦笑いする。

「本当に、あんな対応をされたら、一か月間ぶっ続けて税務調査をするために会社に臨場しようかとも思いますよ」

山口調査官の眼差しは鋭くなる。

「まあ、落ち着け。こちらが先に興奮したら負けだ。ここは冷静に税務調査をしなければ、是正事項を発見することはできないよ」

渕崎統括官は若い頃、ベテランの調査官から「税務調査では納税者を興奮させて、興奮した納税者の言葉の端々から不正を発見しなければならない」と教わったことを思い出した。

「それで、今日の調査の感触は？」

渕崎統括官が、少し落ち着いた山口調査官の横顔を覗きながら尋ねる。

「ええ、外注費が前年に比べてかなり増加してまして、それは売上と比較してもかなり多いので、外注費を中心に、今日調べたんですが……」

法人課税第三部門は、業種として、建設業を担当している。今日山口調査官が税務調査をした会社も土木を中心（八〇％）とし、他に建築（二〇％）を行っている中堅規模の建設業の会社である。

「そうだったな。準備調査のときに、その旨を僕も指示事項の箇所に書いていたな」

渕崎統括官は、調査における指示事項を思い出した。

「……それで、どうだった?」

「ええ、外注費の件数が多くて、その請負契約とか支払明細書とか領収書などの提示を求めてもなかなか持ってこなかったので、時間がとてもかかり……」

今日の税務調査の状況を思い出したのか、山口調査官は再び言葉のトーンが高くなってきた。

「結局、全部の外注費を調べることができなくて……それで外注費関係の書類を預かろうとしたのですが、それを相手がひどく拒否しましてね」

山口調査官のテンションはさらに高くなる。

「留置きか?」

渕崎統括官が呟く。

「改正の国税通則法七四条の七では、質問検査権の中に、必要があるときは当該調査において提出された物件を留置くことができるとされたのですよね」

山口調査官は、しっかりとした口調で渕崎統括官に確認する。

「その……必要があるときは、当然、その調査をしている私が判断をするということですよね」

自信のある言葉だった。

「まあ、この留置きは従来慣行として行われていた、税務調査官が納税者の許可を得て帳簿書類等を税務署に持ち帰るということなんだが」

渕崎統括官が付け加える。

「しかし納税者が留置きを拒否した場合、どうなるんです？」

山口調査官は質問をしながら言葉を続ける。

「国税通則法七四条の七の条文をそのまま読むと、税務調査官が留置きを必要と認めた場合にはできることになっているのだから、仮に納税者が留置きを拒否しても税務調査官の判断によって留置きすることが可能だということなんですよね」

山口調査官は、机の上に置かれている鞄の柄を強く握りしめる。

「そりゃ、そうだが……」

渕崎統括官の声が小さくなる。

「ただし、『必要と認めるとき』の解釈だけれど……『調査官が主観的に必要と考えるだけでは足りず、合理的な理由が必要である』とされ、税務調査官が当該物件を留置きする場合には合理的な理由がなければならない」

渕崎統括官の声が再び大きくなる。

「もちろんです」

山口調査官は大きく頷く。

「それに、これについては別に罰則規定があるんですよね。たしか、納税者が税務職員の物件の提示や提出要求に対して正当な理由がなく拒否した場合、または虚偽記載の帳簿書類その他の物件を提示・提出した者に対しては、一年以下の懲役または五〇万円以下の罰金に処されることになっている。この規定は国税通則法一二七条三号に書かれていますね」

山口調査官が机の上にある鞄から取り出した書類は、調査対象会社の外注費関係のものだった。

「統括官。今日中にこの外注費を調べたいので、帰るのが少し遅れます」

山口調査官は、机の上に上積みされた外注費の資料を整理し始めた。

「ともかく、預かった書類はきちんと管理し、決して紛失などしないように」

渕崎統括官はそう言うと、自分の席にゆっくりと戻った。

【解説】

❖ 物件の留置き

〔国税通則法七四条の七（提出物件の留置き）〕

国税庁等又は税関の当該職員は、国税の調査について必要があるときは、当該調査において提出された物件を留め置くことができる。

〔国税通則法第七章の二（国税の調査）一－六（「物件の提示又は提出」の意義）〕

・物件の提示　→　当該職員の求めに応じ、遅滞なく当該物件（その写しを含む。）の内容を当該職員が確認し得る状態にして示すこと。

＊「遅滞なく」との文言から、特段の事情がないにもかかわらずその提示にいたずらに時間を要する場合には、提示されたことにならないと判断されることもある。

・物件の提出　→　当該職員の求めに応じ、遅滞なく当該職員に当該物件（その写しを含む。）の占有を移転すること。

〔国税通則法一二七条三項〕

・罰則規定　→　一年以下の懲役又は五〇万円以下の罰金

〔国税通則法七四条の八（権限の解釈）〕

質問検査権及び留置きの権限は、犯罪捜査のために認められたものと解してはならない。

❖ 印紙税法上の物件の留置き

昭和四二（一九六七）年度税制改正時点において、①印紙不貼付等への対応、②従前の通告処分に代わる過怠税を課す上で、国税犯則取締法上にもとづく領置に代わる権限として、課税文書等の留置きの権限が創設されたのである。平成二三（二〇一一）年度の税制改正で国税通則法七四条の五第五号に規定され、物件の留置きの権限については他の税目と同様に、国税通則法七四条の七に一本化された。

❖ 質問検査権・留置き（預かり）に関する事項（税務調査手続に関するＦＡＱ（一般納税者向け）／問3、6、11）

〔問3〕

正当な理由がないのに帳簿書類等の提示・提出の求めに応じなければ罰則が科されるということですが、そうなると事実上は強制的に提示・提出が求められることにならないでしょうか。

＊

帳簿書類等の提示・提出をお願いしたことに対し、正当な理由がないのに提示・提出を拒んだり、虚偽の記載をした帳簿書類等を提示・提出した場合には、罰則（一年以下の懲役又は五〇万円以下の罰金）が科されることがありますが、税務当局としては、罰則があることをもって強権的に権限を行使することは考えておらず、帳簿書類等の提示・提出をお願いする際には、提示・提出が必要とされる趣旨を説明し、納税者の方の理解と協力の下、その承諾を得て行うこととしています。

〔問6〕

帳簿書類等の提示・提出の求めに対して、正当な理由なく応じない場合には罰則が科されるとのことですが、どのような場合に正当な理由があるとされるのですか。

＊

どのような場合が正当な理由に該当するかについては、個々の事案に即して具体的に判断する必要がありますし、最終的には裁判所が判断することとなりますから、確定的なことはお答えできませんが、例えば、提示・提出を求めた帳簿書類等が、災害等により滅失・毀損するなどして、直ちに提示・提出することが物理的に困難であるような場合などがこれに該当するものと考えられます。

〔問11〕

留置き（預かり）に応じた場合でも、申し出れば直ちに返還してもらえますか。また、返還を求めたにもかかわらず返還されない場合、不服を申し立てられますか。

＊

法令上、留め置いた帳簿書類等については、留め置く必要がなくなったときは遅滞なく返還すべきこととされています。また、帳簿書類等の提出をされた方から、お預かりしている帳簿書類等を業務で使用する必要がある等の理由で返還を求められた場合には、特段の支障がない限り速やかに返還しますが、例えば、留め置いた書類が大量にあり、そのコピーに時間がかかる場合のように、直ちに返還すると調査の適正な遂行に支障がある場合には、しばらく返還をお待ちいただくこともあります。なお、返還をお待ちいただく場合には、引き続き留置きをさせていただく旨とその理由をご説明しますが、これに納得できないときは、留置き（預かり）を行っている職員が税務署に所属する職員である場合には、税務署長に異議を申し立てることができます。

Chapter **3**

質問検査権の範囲と留置き

「あのー、田村上席」

山口調査官が田村上席調査官に声をかける。

法人課税第三部門はほとんどの職員が昼食に出ており、二人しか残っていない。

田村上席調査官は、昨日の税務調査の報告を書いている。

「この国税通則法七四条の二第一項の規定なんですけど」

田村上席調査官はまだ罫紙を見つめながら、ボールペンを走らせている。

「なかなか調査経緯を書くのも難しいな……」

田村上席調査官は苦笑いしながら呟く。

そして、山口調査官に向かって確認をする。

「それって、新しくできた質問検査権の規定だったよね。所得税、法人税などの質問検査権をまとめて載せている条文だったかな」

田村上席調査官は、山口調査官の顔を見つめて答える。

「ええ、そうなんです。その規定の最後に、『提示若しくは提出を求めることができる』と書かれているんですが……」

と言いながら、税務六法を持っていた山口調査官は、傍らに置かれていた広辞苑に持ち換える。

「広辞苑では、『提示』は差し出して相手に示すことと記載され、『提出』は書類などを差し出すこととなっていますが……これって、どう違うのですか？」

山口調査官は困ったような表情を浮かべている。

田村上席調査官は広辞苑を山口調査官から受け取りながら、思案顔になる。

「まあ、提示は相手に示すことなんだから、提出のように相手方に物件が渡されるということはないと考えるんだろう」

そして田村上席調査官は、引出から国税通則法の通達を取り出した。

「ここにこう書いてある……法第七四条の二から法第七四条の六までの各条の規定において、『物件の提示』とは、当該職員の求めに応じ、遅滞なく当該物件（その写しを含む。）の内容を当該職員が確認し得る状態にして示すことを、『物件の提出』とは、当該職員の求めに応じ、遅滞なく当該職員に当該物件（その写しを含む。）の占有を移転することをいう……（国税通則法第七章の二（国税の調査）関係通達一－六）」

「新しい国税通則法七四条の二第一項では、この『提示』と『提出』を求めることができると書かれているのですけど……それ以前の税務調査では、提示はともかく、提出を求めることはできなかったのですか?」

山口調査官は尋ねる。

「相手の承諾があれば、提出を求めることはもちろんできるよ」

田村上席調査官は答える。

「しかし……納税者が拒否すれば、提出を求めることはできなかった?」

山口調査官は質問を続ける。

「そりゃ、納税者が拒否すればできないだろう。もともと任意調査で、強制調査じゃないんだから」

質問を続けられた田村上席調査官は、少し怒ったように言う。

「しかし……そうすると、今回の『提出を求めることができる』という条文ができたことによって、税務署が提出を求めた場合、納税者は法律的にそれに従わなければならない義務を負うと考えられるのですかね?」

山口調査官の質問に、田村上席調査官は腕を組んで考える。

「そうだなあ……」

さらに山口調査官の質問は続く。

「そしてこの提出は、『留置き』にも続くのですね」

山口調査官は、国税通則法七四条の七を読み上げる。

「国税庁等又は税関の当該職員は、国税の調査について必要があるときは、当該調査において提出された物件を留め置くことができる……」

「その提出は、占有が移転することだから、その占有移転された物件について税務署がそのまま預ることを可能にした条文だね」

田村上席調査官がコメントをする。

「この法律ができる前からも、税務調査ではこのような留置きは存在したと思うのですけど、どのように違うのですか？」

「実質的には、従前と同じだろう。ただ、法律で明らかにしたというだけだ」

山口調査官の質問に答える。

「ところで留置きって、返還されることを含みますよね？」

「返還？」

田村上席調査官が聞き直す。

「ええ。税務署が納税者から提出された書類を留め置いた場合、後日、それは納税者に返還されなければならないですよね」

「そりゃ、そうだろう」

田村上席調査官は大きく頷く。

「しかし、パソコンに入っているデータなんかはどうなんですか？」

山口調査官は少し笑みを浮かべて質問する。

「データか？」

田村上席調査官は困った表情をする。

「データの返還って……具体的にどうすれば良いのですか？」

山口調査官はたたみかけるように質問を続ける。

「フロッピーやCD-Rを返還すれば良いのかなあ」

田村上席調査官が小さな声で呟く。

「でも、コピーなんかしてそのデータを改ざんされることもあるから……留置きされることは、納税者としても怖いですよね」

「そういえば以前、検察官がデータを改ざんした事件があったな」

田村上席調査官は、持っていたボールペンを机の上にポンと投げた。

「ところで、田村上席は昼食まだでしょ。まだお昼休みは二〇分ぐらい残ってますから、うどんでも食べにいきません？」

切り替えの早い山口調査官は、ニコニコしながら、まだ思案中の田村上席調査官を連れて部屋を出ていった。

図3-1　税務調査

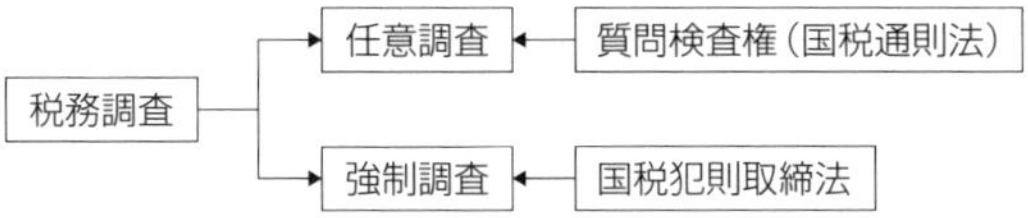

【解説】

❖質問検査権（税務調査）

更正、決定および賦課決定等を行うために、税務職員は課税要件事実について納税者等に対して質問し、関係物件（証憑書類等）を検査する権限が認められている（国税通則法七四の二〜七四の六）。これを「質問検査権」という【図3-1】。平成二三（二〇一一）年度税制改正で、質問検査権の規定はすべて国税通則法に移行した。

質問検査に関する規定は、強制調査ではないが、質問に対する不答弁、検査の拒否・妨害等に対しては刑罰が科される。その意味で、納税者は質問に答え、検査を受ける義務が生じる。

❖税務調査手続

①　税務調査の着手時

・納税者に対する調査の事前通知等（国税通則法七四の九）

　↓　開始日時、場所、税目、期間、対象となる物件等

・事前通知を要しない場合（国税通則法七四の一〇）

↓ 税務調査が困難になる場合

② **税務調査の実施期間**

・質問検査権（国税通則法七四の二〜七四の六）

・提出物件の留置き（国税通則法七四の七）

・官公署等への協力要請（国税通則法七四の一二）

・身分証の形態（国税通則法七四の一三）

③ **税務調査の終了時**

・是認通知（国税通則法七四の一一①）

↓ 更正決定等をすべきと認められない旨を書面で通知

・調査結果の説明（国税通則法七四の一一②）

・修正申告の勧奨（国税通則法七四の一一③）

④ **税務調査の終了後**

・再調査（国税通則法七四の一一⑥）

↓ 調査終了後、新たに得られた情報に照らし非違があると認められるとき

❖ 検察官データ改ざん事件

平成二二（二〇一〇）年九月二一日に、大阪地方検察庁特別捜査部所属で障害者郵便制度悪用事件担当主任検事が証拠物件のフロッピーディスクを改ざんしたとして証拠隠滅の容疑で、同年一〇月一日には当時の上司であった大阪地検元特捜部長および元副部長が主任検事による故意の証拠の改ざんを知りながらこれを隠したとして犯人隠避の容疑で、それぞれ逮捕された事件である。

その事件の内容は、大阪地検特捜部が二〇〇九年五月二六日に同事件の被告人のひとりである厚労省社会・援護局障害保健福祉部企画課元係長のフロッピーディスクごと元データを差押えしていたが、その後、重要な証拠である同データの作成日時について、「六月一日未明」（五月三一日深夜）から（六月上旬に指示を受けたという捜査見通しに合致する）「六月八日」に書き換えられていた、というものである。

Chapter **4**

反面調査

「この場合、反面調査に行ったほうがいいですかね」

山口調査官は、隣にいる田村上席調査官に尋ねる。

「反面調査？」

「ええ、外注先に対する反面調査なんですけど……どうも外注費の金額が大きいのと、外注そのものの回数も多いようで」

山口調査官は、外注費の一覧表を田村上席調査官に見せる。

「それぞれの工事と外注費の対比はしているのかい？」

田村上席調査官は一覧表を見ながら質問をする。

「どこの工事の外注費かは工事現場の作業日報表でわかるのですが、同じ時期に何か所も仕事をしているので……外注先から送られてくる資料だけでは、なかなか判断しにくいのです」

田村上席調査官は、外注先の請求書を見る。

「ほう……奈良県の吉野にこんな会社があったんだなあ」

山口調査官は頷く。

「吉野は桜がきれいだし、ボタン鍋がとても美味しいんだ」

田村上席調査官は、吉野税務署に勤務していた頃を思い出している。一五年前の、まだ若い頃に三年間、吉野税務署に勤務していた。

「しかし、ここからは遠いなあ」

「でも、外注先の原始記録を見なければ、これらの外注費が本当に発生しているものかどうかわからないですよ」

外注先から送られてきたという請求書とその明細書を見ながら、山口調査官は首を傾げる。

「それに……吉野から距離的にかなり離れている工事現場にも、この会社は仕事を請け負っているんです」

山口調査官は、話をしているうちにテンションが上がってきた。

「ひょっとすると、架空外注費の可能性があるかも」

田村上席調査官は、ニヤニヤしながら山口調査官を見る。

「そうだなあ。統括官に相談して、吉野に行かせてもらったら……その前に、吉野税務署に連絡して、この会社のことを聞いてみたら？」

「そうですねえ」

山口調査官は思案顔になる。

渕崎統括官は、今日は忌引きのため休んでいる。

「ところで……」

田村上席調査官は、明日から始まる調査の準備をしている。

「その、反面調査をするときには、調査法人や反面先に事前に連絡しなければならないのですか？」

「改正の国税通則法では、調査対象の法人に対しては原則として事前連絡をしなければならないと規定していたと思うけど、しかし……取引先などの反面調査先について、納税義務者本人に該当しないことから、事前連絡はしなくてもいいのではないか？」

田村上席調査官の言葉に、山口調査官は頷く。

「まして、このケースでは事前に連絡をすると資料などを隠されたり改ざんされたりする可能性があり、正しい外注費の確認ができなくなるおそれがありますから。もちろん、反面調査先の法人に対しては、どこの会社の調査をしているかということも知られないようにしなければならない」

田村上席調査官はペンを置いて、山口調査官の顔を見る。

「しかし、吉野はここから遠いから、反面先の会社にはとりあえず事前に連絡をしておいたほうが良いかもしれないいな」

「そうですね。誰もいなかったら困るし」

山口調査官は素直に応じる。

「ところで、事務運営指針に『調査手続の実施に当たっての基本的な考え方等について』というものがありましたね」

山口調査官は、事務運営指針のコピーを差し出し、次の事項を指さす。

【反面調査の実施】

取引先等に対する反面調査の実施に当たっては、その必要性と反面調査先への事前連絡の適否を十分検討する。

（注）反面調査の実施に当たっては、反面調査である旨を取引先等に明示した上で実施することに留意する。

「これって、『調査時における手続』の中に書かれているんだよね」

田村上席調査官が確認し、言葉を続ける。

「反面調査の実施については取引先等に明示した上で実施するということが書かれているが、調査法人に対して、反面調査をする旨を事前に連絡しなければならないことはないし……しかも、取引先等に対しては『反面調査である旨』のみを明示するということだから、調査内容については伝える必要はないな」

「しかし、取引先等が執拗に『何を調べるのか？』と聞いてきたら、どうしたらよいのですか？」

山口調査官が尋ねる。

「それは……答える必要はないだろう。まして誰の何を調査しているかについて取引先等に伝えることは、個人情報の問題も生じるから、調査の内容については伝えられないと言わざるをえない」

田村上席調査官は考えながら、答える。

「そうですね。反面調査は取引先等自体の税務調査ではない、すなわち、納税義務者本人ではないのですからね……調査の内容については、説明する必要はありませんね」

「山口君は、今回の調査で重加算税をとるために、どうしても吉野へ反面調査に行かなければならないということだな」

田村上席調査官は笑いながら、山口調査官の肩をポンと叩いた。

【解説】

❖ 反面調査

反面調査とは、調査対象となっている納税者と取引関係等にある者に対する調査である。これは調査対象者の調査に当たり、当該納税義務者に対する直接調査だけでは限界がある場合に、その取引先である得意先、仕入先、その他支払先等を対象として、その取引事実の裏付けの確認を行う調査を言う。また、反面調査は、その対象先が銀行であれば「銀行調査」とも言われる［図4-1］。

図4－1　反面調査

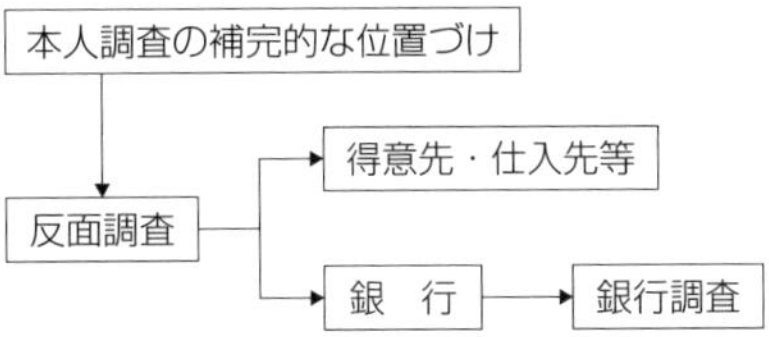

❖ 本人調査と反面調査の関係

客観的な必要性がある場合、本人調査を経ないで反面調査を認める。

【最高裁昭和五八年七月一四日判決】

（要旨）

所得税法（昭和四〇年法律第三三号による改正前のもの）六三条（質問検査権）の規定は、所得税について調査の権限を有する収税官吏において、その調査の目的、調査すべき事項、申請、申告の体裁内容、帳簿等の記入保存状況、相手方の事業の形態等諸般の具体的事実にかんがみ、客観的な必要性があると判断される場合には、前記職権調査の一方法として、同条各号規定の者に対し質問し、又はその事業に関する帳簿、書類その他その調査事項に関連性を有する物件の検査を行う権限を認めた趣旨であって、この場合の質問検査の範囲、程度、時期、場所等実定法上特段の定めのない実施の細目については、右にいう質問検査の必要があり、かつ、右必要と相手方の私的利益との衡量において社会通念上相当な限度にとどまるかぎり、これを権限ある収税官吏の合理的な選択に委ねたものと解するのが相当であって、この場合、実施の日時場所の事前通知、調査の理由及び必要性の個別的、具体的な告知などは、質問検査を行ううえの法律上一律の要件とされているものではない。

❖ 反面調査と本人の同意の関係

〔京都地裁昭和五〇年七月一八日判決〕

反面調査をする場合は、事前通知、理由の開示、本人の同意等は必要でない。

（要旨）

国税通則法二四条（更正）、所得税法二三四条（当該職員の質問検査権）一項は、税務職員が更正処分等一定の処分を行なうに際し税務調査としての質問検査となしうる旨規定しているところ、右質問検査の細目については実定法上何んら規定されていないから、質問検査の範囲、程度、時期、場所等については、質問検査の必要性と相手方の私的利益との比較衡量において社会通念上相当と認められる範囲内である限り税務職員の合理的な選択に委ねられていると解すべきであり、したがって、税務調査の日時、場所を被調査者に対して事前に通知せず、あるいは、納税者の同意なしにその取引先、銀行等に対していわゆる反面調査を実施し、さらに調査の具体的必要性、理由を被調査者に開示しなかったとしても、それらが社会通念上相当な範囲内において実施された場合には、適法な税務調査であるといわなければならない。

Chapter **5**

修正申告の勧奨（1）

「そうか……修正申告をしないのか……」

田村上席調査官は、隣に座っている山口調査官の話を聞きながら腕を組む。

「非違事項は、交際費と棚卸資産だけなんですが……」

山口調査官は困った顔をしている。

山口調査官は先週から三日間、太田工業の実地調査をした後、「調査結果の内容の説明等」を納税者に行ったのである。

◇

交際費の否認の内容は、会社が主催した「創立二〇周年記念祝賀パーティー」の費用である。会社が支出した費用は、八五〇〇万円であった。しかし、招待客から「祝い金」を合計で一九八万円受け取っていたのである。

実地調査で山口調査官が記念行事の名簿を調べているとき、それぞれの招待客の名前の横に、金額が記されていた。

「ここに書かれている金額は何ですか？」

山口調査官が質問した。

「招待客から頂いた祝い金ですが……」

経理担当者は答えた。

しかし帳簿には、雑収入として「祝い金」が計上されていない。

会社の伝票では、上記①のように仕訳がなされていた。

経理担当者は「会社が実質的に負担した費用のみを、交際費として処理した」と答えた。すなわち、一九八万円は招待客が負担した費用であるから、交際費の弊社の実際の負担は六五二万円であると主張した。

これに対して、山口調査官は上記②のような仕訳を書き、経理担当者に示した。

そして、税務上はこのように処理すべきで、交際費は八五〇万円であると述べた。

棚卸資産については、申告書に添付されている決算書の棚卸金額と集計用紙が三〇枚の綴りとなっている棚卸表の合計金額に九〇〇万円の差があった。

「この差の原因は何ですか？」

山口調査官の質問に、経理担当者の表情が変わる。

仕訳①

交際費652万円	／	現金652万円

仕訳②

交際費850万円	／	現金　652万円 雑収入198万円

「ちょっと……調べてみます」

山口調査官から棚卸表を経理担当者が受け取ると、そそくさと自分の机に持っていき、計算をし始めた。

しばらくして、少し青ざめながら、山口調査官が調査をしているテーブルにやって来た。

「集計誤りです」

山口調査官が、経理担当者が指で示す一枚の集計用紙の小計欄を見る。

10,000,000円という数字が書かれている右端に、1,000,000円と書かれている。そして、1,000,000円の数値の上に二重丸が付いている。

「どちらの数字が正しいのですか?」

「たしか……10,000,000円が正しかったと……」

経理担当者は困ったような表情をした。

「しかしこの集計用紙では、1,000,000円の数値で計算されている……」

山口調査官は、もう一度、集計用紙の数値を電卓で叩く。

「おかしいな……どう計算してもこの小計欄の金額は10,000,000円になる……」

少し声を大きくして経理担当者に言う。

「何で、ここに1,000,000円が記載されているのですか?　誰が書いたのですか?」

経理担当者は、矢継ぎ早の質問に青ざめて黙っている。

「これが隠ぺい仮装だったら、重加算税の対象ですよ」

山口調査官は少し興奮して、経理担当者に伝えた。

◇

以上の税務調査の状況から、山口調査官は調査結果の内容の説明等を口頭で行い、交際費と棚卸資産について、「修正申告等の勧奨」を行った。さらに棚卸資産については、重加算税を賦課決定する旨を伝えた。

山口調査官の調査結果の内容の説明を、社長、経理課長、経理担当者そして若い税理士の四名が机を挟んで聞いている。

しばらくして、若い税理士が尋ねる。

「これって、以前と違って、改正国税通則法では修正申告を提出しても更正の請求ができるはずですよね」

「ええ、それについては、これから説明しようと思って」

山口調査官は、修正申告書を提出した場合不服申立てはできないが、更正の請求をすることができる旨を記載した「教示文」を鞄から取り出して、机の上に置いた。

四人が一斉に、その教示文の内容を確認するために前屈みになる。

「申し訳ないのですが……この教示文は、国税に関する法律の規定にもとづき交付する書面なので、署名・押印を頂きたいのですが」

山口調査官は四人を前にして、少し頭を下げる。

「修正申告か……しかも、重加算税か……」

社長が横に座っている経理課長をチラッと見る。

「棚卸の漏れは……集計ミスで……」

そう言いながら、経理課長は経理担当者の方向を見る。経理担当者は、黙って俯いている。

「この際、税務署に更正処分をしてもらいましょうか」

そのとき、若い税理士ははっきりした口調で社長に問うた。

【解説】

❖ 祝金と記念行事の二つの行為と交際費（東京地裁平成二年三月二三日判決）

措置法六二条の規定によると、資本の金額が五〇〇〇万円を超える法人については、当該事業年度において支出する交際費等の額がすべて損金不算入となり、その控除、減額等の計算に関する格別の規定が置かれていないことからすると、同条は、当該事業年度に支出する同条三項所定の交際費等の額の全部を損金不算入とする規定であると解するのが相当である。原告がいうところの祝金は、主催者によって催される行事の機会を利用して招待客が行う一種の交際行為であると解されるものである。したがって、祝金と行事の開催に係る交際費等との関係は、同一の機会に行事の主催者と招待客との二つの交際行為を行い、それぞれが交際費等を支出したという関係である。交際費等の額の計算においては、祝金収入分につきこれを控除するなどといった方法で考慮することはできないものというべきである[図5―1]。

図5-1　2つの交際行為

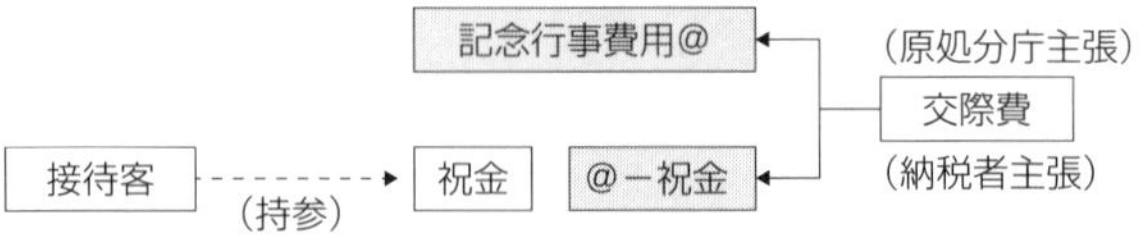

❖ 修正申告の勧奨（国税通則法七四の一一③）

前項の規定による説明をする場合において、当該職員は、当該納税義務者に対し修正申告又は期限後申告を勧奨することができる。この場合において、当該調査の結果に関し当該納税義務者が納税申告書を提出した場合には不服申立てをすることはできないが更正の請求をすることはできる旨を説明するとともに、その旨を記載した書面を交付しなければならない[図5―2]。

＊ 従前は「修正申告の慫慂」という表現であったが、国税通則法では「修正申告の勧奨」となっている。ちなみに、広辞苑によれば「慫慂は、傍らから誘いすすめること」で、「勧奨は、（ある事をするように）すすめ励ますこと」となっている。

修正申告等の勧奨については、「調査手続の実施に当たっての基本的な考え方等について（事務運営指針・課総五―一一ほか／平成二四年九月一二日）」で、次のように述べている。

「納税義務者に対し、更正決定等をすべきと認められる非違の内容を説明した場合には、原則として修正申告又は期限後申告（以下「修正申告等」という。）を勧奨することとする。

なお、修正申告等を勧奨する場合には、当該調査の結果について修正申告書又は期限後申告書（以下「修正申告書等」という。）を提出した場合には不服申立てをすることはできないが更正の請求をすることはできる旨を確実に説明（以下「修正申告等の法的効果の教示」という。）するとともに、その旨を記載した書面（以下「教示文」という。）を交付する。

（注）

一　教示文は、国税に関する法律の規定に基づき交付する書面であることから、教示文を対面で交付する場合は、納税義務者に対し交付送達の手続としての署名・押印を求めることに留意する。

二　書面を送付することにより調査結果の内容の説明を行う場合に、書面により修正申告等を勧奨するときは、教示文を同封することに留意する。なお、この場合、交付送達に該当しないことから、教示文の受領に関して納税義務者に署名・押印を求める必要はないことに留意する。」

図５-２　修正申告の勧奨

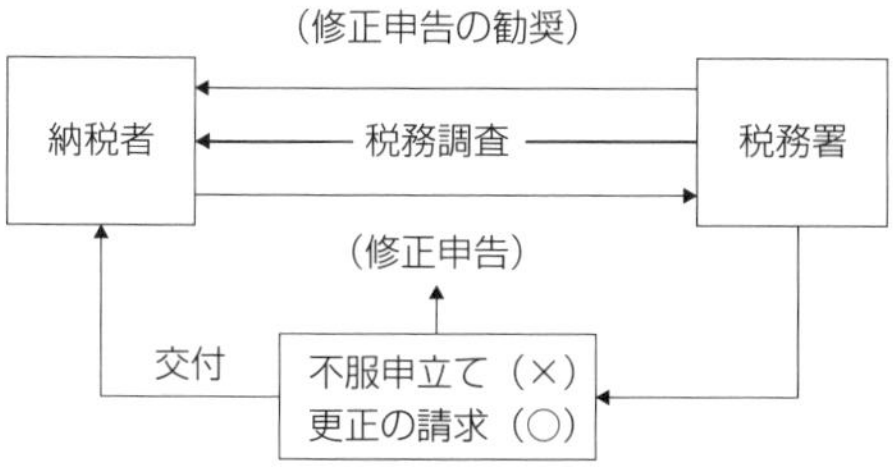

❖ 教示文

教示文とは「教え示すところの文」であるが、修正申告書等を提出した後に

図5-3　教示文（控用）

平成　年　月　日　　（控用）

修正申告等について

○　修正申告書又は期限後申告書（以下「修正申告書等」といいます。）を提出した場合には、その修正申告又は期限後申告（以下「修正申告等」といいます。）により納付すべき税額のほか、過少（無）申告加算税又は重加算税及び延滞税が課されます。

○　修正申告書等を提出した場合には、その修正申告等により納付すべき税額及び延滞税についてはその修正申告書等を提出した日までに、過少（無）申告加算税又は重加算税については当該加算税に係る賦課決定通知書が発せられた日の翌日から起算して１月を経過する日までに納付しなければなりません。

○　修正申告書等を提出した場合には、その修正申告等に係る不服申立てはできません（過少（無）申告加算税又は重加算税の賦課決定処分については不服申立てをすることができます。）。

○　修正申告書等を提出した場合には、更正の請求ができる期間内においては更正の請求をすることができます。

○　修正申告書等の提出がその法定申告期限から１年を経過した日以後にされた場合で、その修正申告等により新たに確定した部分の税額につき、一時に納付することができない理由があると認められること、その修正申告書等の提出日までに申請があることなどの一定の要件を満たす場合は、その納付することができないと認められる金額を限度として、その納期限から１年以内の期間に限り、納税の猶予が受けられます。

上記の内容を記載した書面（「修正申告等について（交付用）」）を、確かに受領しました。

氏　名 ＿＿＿＿＿＿＿＿＿＿＿＿ ㊞

この社会あなたの税がいきている

（注）　この署名押印は、国税通則法施行規則第１条第１項の規定によりお願いするものです。

整理欄	次のとおり「修正申告等について（交付用）」を送達した。				
	送達を受けるべき者	住所又は居所		送達した場所	
		氏名又は名称		送達した時間	
	受取人と上記の者との関係			備　考	
	担当者	所属官署			
		氏　名			

は不服申立てはできないが、更正の請求を提出できる旨を記載した書面をいう［図5－3］。

行政不服審査法において、行政庁が処分をする際に不服申立てができる場合には、その処分を受ける相手方に対して、不服申立てをする手続を教えなければならないということを求めている。

教示の制度が設けられた趣旨は、国民の権利利益の救済を実質的に保障することであり、それは行政不服審査法の目的でもある。確かに不服申立ての制度は行政不服審査法を通読すれば（少なくとも申立てが可能であるということは）誰でもわかることである。しかし、そうした行為を一般市民に要求するのではなく、行政の側から積極的に行政不服審査法の制度活用を国民に呼びかけるのがこの教示制度の特色である。

Chapter 6

修正申告の勧奨（2）

「そうか」

田村上席調査官は両手を頭の後ろに当てて、椅子の背にもたれながら、聞いている。

「納税者は重加算税について不満があるのかな？」

田村上席調査官は、山口調査官に尋ねる。

「交際費も棚卸資産も納税者の誤りであることは明らかなので……」

山口調査官が納税者の申告書を見ながら言う。

「重加算税については、理由附記は大丈夫なの？」

田村上席調査官は、もう一度、重加算税について尋ねる。

「ええ、審理とも相談したのですが、棚卸の集計用紙には10,000,000円と合計額を書いておきながら、その横に1,000,000円と記し、二重丸を付けて、小計欄の金額を1,000,000円としている……これって、明らかに隠ぺい仮装に当たりませんか？」

逆に、山口調査官が田村上席調査官に質問する。

「納税者はどう言っているの？」

「経理部長は集計ミスと言っているのですが……しかし集計用紙の記載内容を見れば、作為的に棚卸の金額を書き換えているものと思われます」

山口調査官は確信しているように言う。

「納税者からその件について、確認書を取っているの？」

「確認書？」

「故意に棚卸数量を除外したとか……そんな文言の確認書だよ」

田村上席調査官は語気を強くして言う。

「しかし……それって、最終的には法的に意味のないものでしょ？」

山口調査官は反論する。

「だが、相手に対して、後で文句を言わさない心理的な効果は十分にあるよ」

田村上席調査官は自信を持って言う。

「おそらく、あの調査結果の内容の説明等を口頭で説明したときの状況から推測するに、相手方はそんな確認書を提出しないでしょうね」

山口調査官は、経理課長の険しい顔を思い出しながら答える。

しかし、経理担当者は山口調査官の指摘に対して黙ったままである。

「経理課長の指示で、棚卸資産を減額したのかもしれない」

山口調査官は、気弱そうな経理担当者の顔を思い出した。

「……ともあれ、重加算税の理由附記を書くのはなかなか難しい」

田村上席調査官は、椅子に大きくもたれながら呟く。

「今までは、重加算税について理由の附記など必要なかったのに、国税通則法の改正によってまた仕事が増えましたね」

山口調査官は苦笑いをする。

「最近、重加算税を賦課決定するか否かについて審理に尋ねても、なかなかすぐには回答をしてくれない」

田村上席調査官は困った顔をする。

「それだけ慎重になっているのでしょうね」

山口調査官も同情する。

「しかし、今回のケースは重加算税を賦課決定することは可能でしょう……棚卸の集計表の合計欄を書き直しているのですから、客観的に見て、隠ぺい仮装しているものと判断できるでしょう。判例によると、このようなケースでは、故意の立証は税務署には要求されない」

「なかなか詳しいな、山口君は」

田村上席調査官は、山口調査官の言葉に感心する。

「これからは修正申告書を提出してもらう代わりに、重加算税の賦課決定をしないというわけにもいかないだろうな」

田村上席調査官の独り言である。

「僕としては……どちらかと言えば、交際費課税を見逃しても、重加算税は課したいですね」

山口調査官が田村上席調査官に言う。

「しかし、交際費の処理については、明らかに納税者が間違っているだろう」

田村上席調査官の声が大きくなる。

「ええ、このケースの交際費については、有名な判決がありますから」

山口調査官は、納税者にコピーして渡した判決文を机の横にあるキャビネットから取り出した。東京地裁平成二年三月二三日判決である。

「この判決文の中に、こう書かれています」

山口調査官は判決文の一部を読み上げる。

……原告がいうところの祝金は、主催者によって催される行事の機会を利用して招待客が行う一種の交際行為であると解されるものである。したがって、祝金と、行事の開催に係る交際費等との関係は、同一の機会に行事の主催者と招待客との二つの交際行為を行い、それぞれが交際費等を支出したという関係である。交際費等の額の計算においては、祝金収入分につきこれを控除するなどといった方法で考慮することはできないものというべきである……

「この判決文を見て、納税者は納得したということですね」

田村上席調査官の言葉に、山口調査官は頷く。

「そうか、そうすると、納税者が修正申告の勧奨に応じなかったら、更正処分を行うしかない。少し手間だけれど……いずれにしても、重加算税の理由附記については書かなければならないのだから」

「そうですね。この納税者に対しては、統括官に更正処分をすることを伝えます。たまには、更正処分の起案もしておかなければ、その処理を忘れてしまうから」

山口調査官は苦笑いしながら、田村上席調査官に冗談を言った。

【解説】

❖ 重加算税

重加算税［図6-1］は、国税通則法六五条ないし六七条に規定する各種の加算税を課すべき納税義務違反が事実の隠ぺいまたは仮装という不正な方法にもとづいて行われた場合に、違反者に対して課されるものであり、これによってこのような方法による納税義務違反の発生を防止し、徴税の実を挙げようとする趣旨に出た行政上の措置である（大阪高裁平成九年二月二五日判決）。

図6-1　重加算税

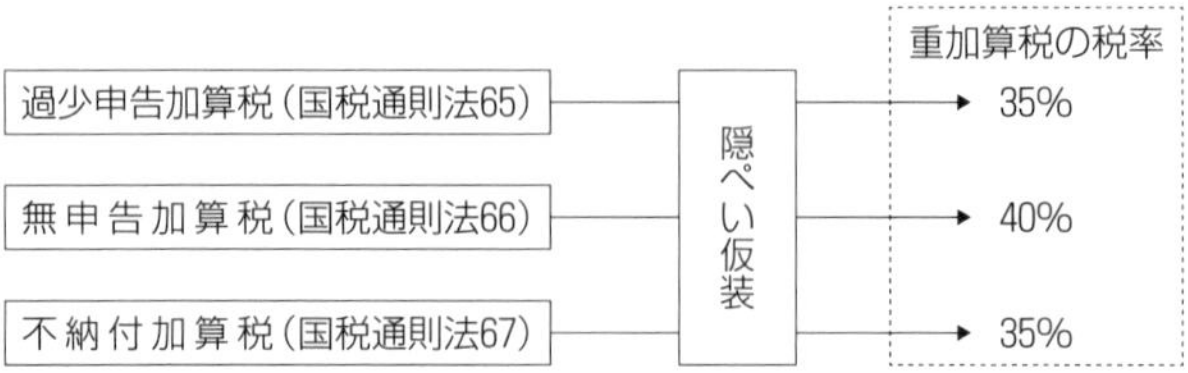

なお、「隠ぺい・仮装」に係る「物的証拠」と考えられるものについては、次のものがある。

① いわゆる二重帳簿を作成して所得を隠ぺいしていた場合

∴　物的証拠　↓　二重帳簿

② 売上除外、架空仕入もしくは架空経費の計上その他故意に虚偽の帳簿を作成して所得を隠ぺいしまたは仮装していた場合

∴　物的証拠　↓　虚偽の帳簿

③ 棚卸資産の一部を故意に除外して所得を隠ぺいしていた場合

∴　物的証拠　↓　棚卸資産の除外（故意）を明らかにする書類等

④ 他人名義により所得を隠ぺいしまたは仮装していた場合

∴　物的証拠　↓　他人名義の書類

⑤ 虚偽答弁、取引先との通謀、帳簿または財産の秘匿その他不正手段により故意に所得を隠ぺいしまたは仮装していた場合

∴　物的証拠　↓　虚偽答弁・通謀・帳簿または財産の秘匿に関する書類等

⑥ その他明らかに故意に収入の相当部分を除外して確定申告書を提出し、または給与所得その他についての源泉徴収を行っていた場合

∴　物的証拠　↓　故意による相当な収入除外を明らかにする書類等

図６-２　不利益処分

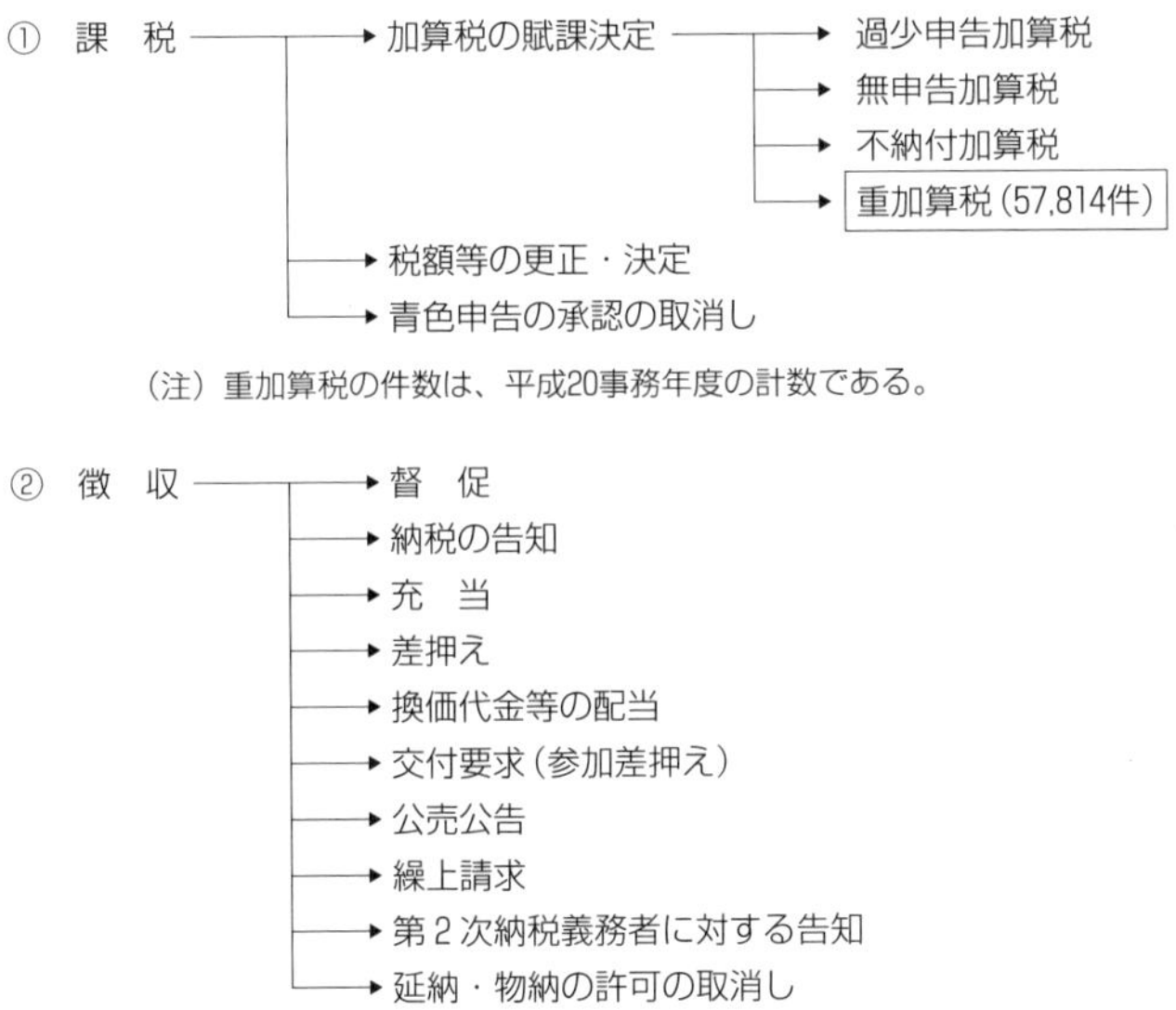

（注）重加算税の件数は、平成20事務年度の計数である。

❖ 不利益処分と理由附記

平成二三（二〇一一）年一一月三〇日に成立した「税制構築法」の中に、平成二五（二〇一三）年一月一日以後に行われる処分については、納税者の権利利益の保護を図る観点から、原則として、税務署長が行うすべての処分について理由が附記されるということになった。従来は、青色申告者に対する更正処分等の場合に限って処分時に理由を附記しなければならなかったのであるが、この改正で、国税に関する申請却下（納税の猶予の不許可、延納・物納の不許可等）および不利益処分（税額等の更正・決定、加算税の賦課決定、青色申告の承認の取消し、督促、納税の告知等）のすべての処分について、書面による理由附記が要求されることになった。その根拠条文である国税通則法七四条の一四は「行政手続法の適用除外」を規定しているが、適用しないとする行政手続法第二章および

第三章から、第八条（理由の提示）および第一四条（不利益処分の理由の提示）をこの改正で除いたことから、結局、それを適用するという条文の読み方になった。

行政手続法一四条（不利益処分の理由の提示）において、「不利益処分」については次のように規定している。

「行政庁は、不利益処分をする場合には、その名あて人に対し、同時に、当該不利益処分の理由を示さなければならない。ただし、当該理由を示さないで処分をすべき差し迫った必要がある場合は、この限りでない。」

「不利益処分」とは、【図6-2】のものをいう。

したがって、国税に係る理由附記については、①各税法の規定によるものと、②行政手続法の規定によるものとがあることになる。

Chapter 7

更正の請求期間の延長

「田村上席」

山口調査官は、横に座っている田村上席調査官に向かって声をかける。

田村上席調査官は、午後から税務調査後の調査報告書を書いている。その手を止めて、怪訝そうに山口調査官の顔を見る。

「何？」

「あの……」

山口調査官は、少し口ごもりながら答える。

「税務調査で、納税者から修正申告を提出してもらうケースのことなんですが……」

山口調査官は田村上席調査官に、手に持っている平成二三（二〇一一）年度税制改正のコピーを見せる。

「更正の請求のことなんですが、これって修正申告を提出しても法定申告期限から五年以内であれば納税者からその是正を求めることができ、また、税務調査が終わった後、税務署が修正申告を勧奨する場合、納税者が修正申告書等を提出する際、更正の請求をすることができる旨をわざわざ説明しなければならない……」

山口調査官は少し不満そうに言葉を続ける。

「そうすると、このような改正によって、今までのように納税者と税務署との話し合いで決着をつけ難くなるのではないですか?」

山口調査官は、一回り以上年齢差のある田村上席調査官の顔を窺う。

「納税者との話し合い?」

田村上席調査官はとぼけたように聞き返す。

山口調査官は、少し苦笑いしながら説明する。

「たとえば、棚卸資産の漏れと交際費等の課税を税務調査で指摘したとする。そして交際費の範囲について、納税者と税務署の意見が異なったとき、話し合いで増差所得を調整して修正申告を提出してもらうケース、つまり何らかの事情で交際費を課税する代わりに棚卸資産の漏れはなかったことにするなんて……そんなときに修正申告書を提出しても、後で交際費について更正の請求を出してくると……これって、税務署側にとって不利なんじゃないですか?」

田村上席調査官は頷く。

「そりゃ、そんなことも考えられるが、納税者がそんな更正の請求を提出してきた場合、更正の請求の調査で棚卸資産の漏れを再度考慮して、更正の請求を認めるか否かの判断をすればいい」

「更正の請求の内容以外の事項についても、調査の対象として判断しても構わないのですか？」

山口調査官が尋ねる。

「もちろんその場合、課税標準ないし税額の総額がいくらであるかが調査の対象になる、いわゆる総額主義で、提出された『更正の請求』の内容が判断されることになる」

山口調査官は首を傾げながら、質問を続ける。

「しかし……調査報告書の中に、さっきのような納税者との駆け引きを詳細に記録に残せないでしょ。その調査を担当した人は……当然、棚卸資産の漏れなど、納税者と交渉して見逃してやったなど、書けませんよね」

「確かに、山口君の言うとおりだ……そんなことを書いたら、上司の決裁が通らないからね」

田村上席調査官は、机の上に置かれている自分の調査報告書を見て苦笑する。今書いている机の上にある調査報告書も、上司である統括官等の決済が通るように、自分に都合の悪いことは省略している。

「この調査報告書も自分に都合の良い作文だから……納税者との交渉で棚卸資産の計上漏れを見逃したなどとは、おめおめとは書けない」

田村上席調査官は苦笑いをしながら呟くように言う。

「ということは、更正の請求の調査担当者は結局、納税者が主張する交際費課税の妥当性（争点）のみを調査することになるのではないですか？」

山口調査官は、語気を強めて田村上席調査官に反論する。

「更正の請求の期間が原則五年に延長されたということは、今後、納税者と税務署のいい加減な交渉は簡単にはできなくなったということを意味しているのだろう」

田村上席調査官は、もう一度、平成二三年度税制改正のコピーを見る。

「そうか……平成二三年一二月二日以後に法定申告期限が到来する国税について、更正の請求ができる期間が法定申告期限から原則として五年に延長されたのだから、税務調査もやりにくくなって厄介になるかもしれない……」

田村上席調査官は渋い顔をする。

「しかし田村上席、更正の請求をする際には、納税者は『事実を証明する書類』の添付が必要となっていますし、また『偽りの記載をした更正の請求書を提出した者』に対しては、罰則（一年以下の懲役又は五〇万円以下の罰金）が創設されていますから……以前より少し厳しくなったのでは」

山口調査官は曖昧に笑った。

「もっとも、このような規定がどれだけ効果があるかわからないが……今回の『更正の請求期間の延長』の改正は、納税者にとっては有利になるんだろうな」

田村上席調査官の言葉に、山口調査官は大きく頷く。

「今までのように、修正申告書を納税者に提出させればそれで一件落着とはいかなくなったのだから、税務調査も簡単に終了しそうもないですね」

「そうだなあ。更正処分も修正申告も納税者にとって、調査後に不服申立てをするのか更正の請求を提出するのかの違いで、共に税務調査での結果の是正を納税者側から要求することができるようになったから……」

田村上席調査官は、机の上に置かれている書きかけの調査報告書を見る。

「これからは、納税者から修正申告書が提出されたとしても、調査報告書には更正の請求が提出されることを前提として、詳細に記録しておかなければならないな」

田村上席調査官は、もう一度調査報告書を見直した。

【解説】

❖ 更正の請求

更正の請求とは、すでに行った申告について、①記載税額が過大であるとき、②還付金に相当する税額が過少であるとき、または③純損失などが過少であるときは、原則としてその法定申告期限から五年以内に限り、税務署長に対してその申告した課税標準または税額等について減額の更正を求めることができるものである（国税通則法二三①）。

従前の更正の請求は法定申告期限から一年以内であったため、調査で修正申告を提出すると是正をすることができなかった。しかし、更正処分の期間制限（除斥期間）と同じ五年になったため、税務調査後に修正申告書を提出しても、期間制限内であれば更正の請求を提出することができる【図7-1】。

図7-1　更正の請求

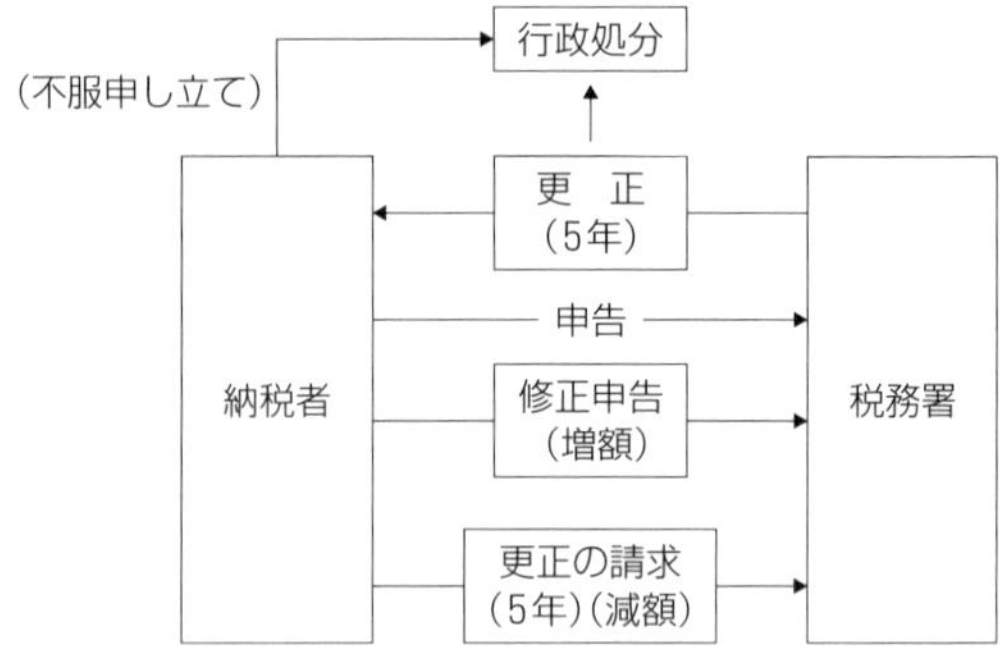

なお、更正の請求を行う場合、その更正の請求に係る証明書類の添付については、更正の請求をしようとする者が更正の請求をする理由を証明するとの趣旨を明らかにするとともに、効率的な税務執行を確保する観点から、その理由の基礎となる「事実を証明する書類」を添付しなければならない（国税通則法施行令六②）。

さらに、更正の請求を利用した悪質な不正還付請求を未然に防止し、適正・円滑な税務行政を確保するために、故意に偽りの記載をした更正請求書を提出する行為について処罰規定（一年以下の懲役又は五〇万円以下の罰金）が設けられている（国税通則法一二七）。

❖ 更正の申出書

更正の請求期間の延長に際し、平成二三（二〇一一）年一二月二日より前に法定申告期限が到来する国税で、更正の請求の期限を徒過した課税期間について、納税者からの減額更正の申出に対応するため、新たに様式「更正の申出書」が定められた［図7-2］。

もちろん、同日より前に法定期限が到来した場合であっても、更正の請求期間延長更正の請求が可能な期間内であれば、「更正の請求」手続により更正を行うこととなる。なお「更正の申出書」は、過年分のうち増額更正はできるが、減額更正はできない期間が対象となる。

課税庁に対し「更正の申出書」が提出されると、これまでと同様に調査等で内容の検討を行い、納め過ぎの税金があると認められた場合に減額の更正を行い、税金が還付される。

図7-2　更正の申出書

ただし、申出のとおり更正されない場合であっても、不服申立てをすることはできない。その意味では「更正の請求」と異なる。

また、増額更正に関しても同様に、増額更正ができる期間内に「更正の申出書」の提出があれば調査等によりその内容を検討し、増額の更正が行われる。

Chapter **8**

調査終了時の「理由」の説明義務

「めんどくさいです……」

山口調査官は忌々しそうに呟いた。

「何が？」

田村上席調査官は新聞を読んでいる。

今は昼休みで、法人課税第三部門には、今日も出遅れた二人以外誰もいない。

「国税通則法七四条の一一第二項ですよ。すなわち、税務調査の終了に際し、調査担当職員は更正決定等をすべきと認める場合にはその調査結果の内容を説明する、と書かれているでしょ……そして、その内容としては、更正決定等をすべきと認めた額およびその理由を含むとなっている」

山口調査官は、条文を怒ったように読み上げた。

「そんなことは今までもやっていただろう」

「ええ、しかしこう法律ではっきりと規定されると、それをしなかった場合、違法な調査になってしまうでしょう」

田村上席調査官も頷く。

「確かにそうだな、あまり法律で縛り過ぎると、税務職員の調査が萎縮してしまう可能性がある」

「僕なんか、税務調査でややこしい否認事項が出てきたら、もう知らないことにして、更正処分をしないでおこうかなんて考えちゃいますよ」

「おいおい、それは困るよ」

田村上席調査官は苦笑いをして、山口調査官を諭す。

「それに……事務運営指針でも、納税者に対しての理由の程度について、びっくりするくらいわれわれ税務職員に対して説明をするように求めている」

山口調査官は、事務運営指針の該当箇所を読み上げる。

「調査結果の内容の説明等については……必要に応じ、非違の項目や金額を整理した資料など参考となる資料を示すなどして納税義務者の理解が得られるよう十分な説明を行うとともに、納税義務者から質問等があった場合にはわかりやすく回答するように努める……となっている。これって、えらく納税者に配慮していますね。現場のわれわれの苦労を、もっと上の人は考えてくれてもいいのに」

山口調査官はそう言うと、事務運営指針が書かれた資料をポンと机の上に投げた。

「まあ、納税者の権利を保護しようというのが、近頃の風潮なんだろうな」

「あの納税者権利憲章のことですか?」

山口調査官はまだふてくされている。

「僕なんか……納税者には納税の義務しかなくて、納税の権利なんてありえない……だって、税務大学校でも教授が説明していたけれど、いったん課税要件が充足されると、その途端、国と納税者の間で『租税』という債権債務関係が自動的に発生するものだから、租税実体法において、納税者に権利などありえない……まあ、手続法において納税者の権利はあるのでしょうけどね」

「へえ、山口君は案外勉強しているんだな。君のような税務職員が大勢いると、税務行政も安泰なんだがなあ」

田村上席調査官は、笑いながら山口調査官を褒めた。

「わが国に納税者権利憲章なんてつくっても、何の効果があるんでしょうか?」

山口調査官が質問する。

「そりゃあ、納税者の権利の保護と救済のためだろう」

田村上席調査官は新聞をたたんで、机の上に置く。

「別に納税者権利憲章をつくらなくても、国税通則法にきっちりとした手続規定を設ければ、それでいいじゃないですか。どれだけ立派な法律をつくっても、それを実行するのは人間なんですから」

「アジアや東欧そして南アフリカにも納税者権利憲章を制定しようとする動きがあるとか、イタリアやスペインでは、すでに制定しているとか……」

田村上席調査官は、以前読んだ本の記憶を辿るように語った。

「東南アジアなんて、アンダーテーブルの世界ですからね」

山口調査官は冷たく言い放つ。

「そういえば、山口君はよく東南アジアに旅行をすると聞いているけど……どんな国に行ったことがあるの?」

田村上席調査官が質問する。

「そうですね。ベトナム、タイ、カンボジア、それと……そうそう、三か月前に、ラオスにも行ってきましたよ」

「へえ、私なんか東南アジアはどの国にも行ったことがないよ」

「これらの国には、立派な税法はあるんですけれど……さっき言ったように、ほとんど賄賂の世界で……税務調査なんてまともに行われていない。そんな国で納税者権利憲章をつくっても、何の意味もないと思うのですが」

田村上席調査官は山口調査官の話を聞きながら、椅子の上で腕を頭の後ろに回し大きく体を反らせている。

「イタリアなんかも納税意識が低い国だから……政府がいかに納税者から効率よく税金を徴収するか、いろいろと知恵を出している」

田村上席調査官は学生時代にイタリアに旅行し、二か月ほど滞在したことがある。税務職員になってからも何度か訪れている、イタリア通である。

「イタリアでは税金をまともに納める奴は馬鹿だという考えを持っている人が多いから、政府は『コンドーノ』という制度を採用しているんだ」

「こんどーの、ですか?」

ポカンとしている山口調査官を見て、田村上席調査官は笑いながら説明を続ける。

「イタリア語で、コンドーノは〝免罪符〟という意味なんだ。五年に一度、納税者に一定のお金を支払わせ、それに応じたら、過去の脱税等を許すというものだ。逆に、もしお金を支払わない場合には、その納税者に対し徹底して税務調査を行うという」

「それって、脅迫じゃないですか」

「そうかもしれないな」

田村上席調査官はそう言い、二人で大きな声で笑った。

【解説】

❖ 事務運営指針

「調査手続の実施に当たっての基本的な考え方等について（事務運営指針）」では、その趣旨について、次のように述べている。

「経済社会の構造の変化に対応した税制の構築を図るための所得税法等の一部を改正する法律の公布（平成二三年一二月二日）により、国税通則法の一部が改正され、国税の調査に関する規定（第七章の二）が新設された。

これに伴い、法令を遵守した適正な調査の遂行を図るため、調査手続の実施に当たっての基本的な考え方等を定めるものである。」

さらに、この事務運営指針の基本的な考え方については、次のように述べている。

「調査手続については、平成二三年一二月に国税通則法の一部が改正され、手続の透明性及び納税者の予見可能性を高め、調査に当たって納税者の協力を促すことで、より円滑かつ効果的な調査の実施と申告納税制度の一層の充実・発展に資する観点及び課税庁の納税者に対する説明責任を強化する観点から、従来の運用上の取扱いが法令上明確化されたところである。

調査の実施に当たっては、今般の法改正の趣旨を踏まえ、『納税者の自発的な納税義務の履行を適正かつ円滑に実現する』との国税庁の使命を適切に実施する観点から、調査がその公益的必要性と納税者の私的利益の衡量において社会通念上相当と認められる範囲内で、納税者の理解と協力を得て行うものであることを十分認識した上で、法令に定められた調査手続を遵守し、適正かつ公平な課税の実現を図るよう努める。」

❖ 納税者権利憲章

納税者権利憲章とは、課税・納税手続きにおける納税者の権利を制度的に保障する基本的な法律のことである。現在、日本には、納税者の権利を保障する基本法が存在していない。税務調査の現場でしばしば見られる事前通知なしの税務署員の突然の訪問（「任意調査」）や一方的に所得を算出し納税を強要する「推計課税」など税務署等による強権的な税務行政を改めさせ、納税者の権利を守るために、手続規定の整備が求められている。

世界では、次に掲げる国々が納税者の権利憲章を有している。

① フランス＝一九七五年制定
② ドイツ（西ドイツ）＝一九七七年制定
③ カナダ＝一九八五年制定
④ イギリス＝一九八六年制定
⑤ ニュージーランド＝一九八八年制定
⑥ アメリカ＝一九八八年制定
⑦ インド＝一九九〇年制定
⑧ 韓国＝一九九七年制定
⑨ オーストラリア＝一九九七年制定
⑩ スペイン＝一九九八年制定
⑪ イタリア＝二〇〇〇年制定

Chapter 9

調査の終了の際の手続に関する納税義務者の同意書

「この『同意書』を提出していなかったので……」

山口調査官は渕崎統括官に説明する。その右手には、「調査の終了の際の手続に関する納税義務者の同意書」がある。

「そうか、それは仕方ないな。調査結果の内容の説明については、国税通則法七四条の一一の二項できっちりと法令で定められたからなあ」

渕崎統括官は傍らの税務六法を手に取り、その条文を読む。

> 国税に関する調査の結果、更正決定等をすべきと認める場合には、当該職員は、当該納税義務者に対し、その調査結果の内容（更正決定等をすべきと認めた額及びその理由を含む。）を説明するものとする。

「この条文を根拠に、君は納税義務者に調査結果を説明したというわけだ」

渕崎統括官は大きく頷く。

「ええ。そばに税理士もいましたけど」

山口調査官の言葉に、渕崎統括官は頷く。

「申告書の記載ミスがけっこうあって、そのことも更正の内容に含まれるので説明しました」

渕崎統括官は含み笑いをする。

その会社の顧問税理士である小野は国税専門官一三期で、渕崎統括官とは同期である。小野税理士は若くして国税局を退官し、税理士になっていた。

その小野税理士が、昨日、渕崎統括官に電話をかけてきたのである。

◇

「納税者の前で恥をかいた……」

小野税理士はそう愚痴った。

「これまで税理士のミスはこっそりと事前に伝えてくれていたのに、今回は納税者の前で突然こちらのミスを指摘されて」

小野税理士の電話の声は、少し高ぶっていた。

「しかし、調査担当者は法律どおりに調査結果の内容を納税者に説明したのだから、こちらとしては……」

渕崎統括官は山口調査官を庇う。

「ただ、今までは事前に知らせてくれたのに」

小野税理士はまだ納得しかねているようであった。

「これからは納税者に対して調査内容を説明するように法律で明らかになったのだから、担当者はそれに従ってやったまでだよ」

渕崎統括官は言葉を続ける。

「この規定は税務当局の納税者に対する説明責任を強化する観点から法令上明確にしたもので……実質的に従来と変わっていないのだけれど。まあ、法律に書かれると、こちらも構えてしまうことになるんだ」

渕崎統括官は、受話器を握りしめながら説明する。

小野税理士は、最後は諦めたように「わかったよ」と言って電話を切った。

「……」

◇

渕崎統括官は昨日の小野税理士の言葉を思い出しながら、山口調査官に尋ねる。

「その『同意書』って、税理士だったら誰でも知っているものだろう?」

「そうですね。でも最近できたものだから、知らない税理士もいるかも……」

山口調査官は自信のない返事をする。

「この同意書を提出していたら、納税者の同伴なしに、代理人である税理士に事前に調査の結果についての内容を話すことができるのですが」

山口調査官も苦笑いをする。

「ということは、税理士がそのことを事前に聞いていたら、納税者に対して何らかの釈明を考える余地があるということか」

渕崎統括官は大きく頷く。

「調査の終了の際の手続に関する納税義務者の同意書」には「対象とする行為」欄の該当する項目に「チェック（✓）」を付すようになっている。

その欄は一項～三項まであるが、その各項には次の行為がそれぞれ挙げられている。

一　実地調査の結果、更正決定等をすべきと認められない場合において、その旨が記載された書面を受領すること

二　調査の結果、更正決定等をすべきと認められる場合において、その調査結果の内容（更正決定等をすべきと認められた額及びその理由を含む。）の説明を受けること

三　上記の二の説明を受ける際に、修正申告又は期限後申告の勧奨が行われた場合における次に掲げる

事項
① 調査の結果に関し納税申告書を提出した場合には不服申立てをすることはできないが更正の請求をすることはできる旨の説明を受けること
② 上記①の内容を記載した書面の交付を受けること

「ところで、この同意書を提出している税理士って、多いの？」

渕崎統括官が尋ねる。

「私の担当している法人では、ほとんど提出していません」

山口調査官が答える。

「しかし、この届出書のひな型は、日本税理士会連合会が税理士のために作成したものと聞いているが」

渕崎統括官は山口調査官の顔を見る。

「そうですね……」

山口調査官は、思案顔になる。

「税理士会のホームページに届出書のひな型は載っていますけれど、もっと税理士に周知させないといけませんね」

山口調査官は返事をする。

「そうだな。そうか……小野には、この届出書のことを知らせてやろう」
そう言うと、渕崎統括官は机の上の受話器に手を伸ばした。

【解説】

❖ 国税通則法七四条の一一

税務調査を行った結果、更正決定等をすべきであると認める場合には、税務職員は納税者に対して、その調査結果（更正決定等をすべきと認めた額およびその理由を含む）の内容について説明しなければならない。

この規定は、課税庁の説明責任を明確にするために、課税庁がとるべき「調査の終了の際の手続」について規定したものである。

なお、国税通則法七四条の一一には、次の規定が具体的になされている。

① 更正決定等をすべきと認められない場合のその旨の通知（一項）
② 更正決定等をすべきと認められる場合の調査結果の内容説明（二項）
③ 修正申告書又は期限後申告の勧奨（三項）
④ 連結子法人について、連結親法人への代替（四項）
⑤ ①から③の事項に関して、納税者から税務代理人への代替（五項）

⑥ 調査終了後の再調査の手続（六項）

❖ 調査の終了の際の手続に関する同意書

平成二五（二〇一三）年一月から国税通則法等の改正が施行され、税務代理人がある場合の調査結果の内容の説明等について、同法第七四条の一一第五項に、納税義務者の同意がある場合、税務代理人に対して行うことができるとされた。これを受けて日本税理士会連合会は、「調査の終了の際の手続に関する納税義務者の同意書」（ひな型）を作成・制定、全国一五税理士会に対し、その使用および周知方を呼びかけた［図9

図9-1　調査の終了の際の手続に関する同意書

平成　　年　　月　　日

……………税務署長　殿

調査の終了の際の手続に関する同意書

税理士 又は 税理士法人	事務所の名称及び所在地	電話（　　）　　－
	氏名又は名称	
	所属税理士会等	税理士会　　支部　登録番号　第　　号
〔私・当法人〕は、上記〔税理士・税理士法人〕を代理人と定め、〔私・当法人〕に代わって代理人が下記の行為（国税通則法第74条の11第1項から第3項に規定する行為）を行うことに同意します。		
依頼者（個人）	住所 又は 事務所所在地	電話（　　）　　－
	氏名又は名称	㊞
依頼者（法人）	本店所在地	電話（　　）　　－
	商号又は名称	
	代表者	㊞
対象とする行為 ※該当する項目に✓を付すこと	下欄に掲げる税目の調査対象となった課税期間について、	
	□	1　実地調査の結果、更正決定等をすべきと認められない場合において、その旨が記載された書面を受領すること
	□	2　調査の結果、更正決定等をすべきと認められる場合において、その調査結果の内容（更正決定等をすべきと認められた額及びその理由を含む。）の説明を受けること
	□	3　上記2の説明を受ける際に、修正申告又は期限後申告の勧奨が行われた場合における次に掲げる事項 ①　調査の結果に関し納税申告書を提出した場合には不服申立てをすることはできないが更正の請求をすることはできる旨の説明を受けること ②　上記①の内容を記載した書面の交付を受けること
	（　　　）税	（　　　）税　　（　　　）税
備考		

―1」。

同法第七四条の一一第五項では、「実地の調査により質問検査等を行った納税義務者について第七四条の九第三項第二号に規定する税務代理人がある場合において、当該納税義務者の同意がある場合には、当該納税義務者への第一項から第三項までに規定する通知等に代えて、当該税務代理人への通知等を行うことができる」と規定している。

この場合における同意の有無の確認は、「調査手続の実施に当たっての基本的な考え方等について」（国税庁事務運営指針）では、次のように場合を挙げている。

① 電話または臨場により納税義務者に直接同意の意思を確認できた場合

② 納税義務者の同意の事実が確認できる書面の提出があった場合

このため、日本税理士会連合会が②の書面のひな形を作成したのである。当該書面は、税理士（税理士法人）と納税義務者との間で取り交わした上で、税務署長に提出することになる。

Chapter 10

行政指導か、税務調査か

「おい、君は一体どう言ったんだ！」

渕崎統括官は声を荒げる。

調査選定をしている山口調査官は目を丸くして、渕崎統括官の声に驚く。

「……」

「さっき納税者に電話をしていただろう？」

山口調査官は頷く。

「ええ、坂口工業に電話したのですが……」

山口調査官は渕崎統括官に答える。

「坂口工業から提出された確定申告書をチェックしていたら、計算の誤りが何か所かあったので、それで電話をして……」

「そのとき、『調査をする』とか言ったのか？」

渕崎統括官がすかさず尋ねる。

「ええ……計算誤りが何か所か見つかったので、調査をしたら何かもっと大きな誤りを発見できると思って、『調査をする』と言ったのですが」

渕崎統括官は渋い顔をする。

「調査選定の判断は最終的に統括官の私がするのだから、勝手に君がそんなことを納税者に言ったら駄目じゃないか」

山口調査官は、目を伏せて聞いている。

「それに君も、改正された国税通則法について研修を受けただろうだから、当然『税務調査』がどういうものか知っているだろう！」

渕崎統括官の声がますます大きくなる。

内勤をしている周りの職員は黙って仕事をしているが、みんな、聞き耳を立てている。

「国税通則法第七章の二（国税の調査）関係通達一-二（調査に該当しない行為）(1)ロに、こう書いてあるだろう」

渕崎統括官が通達を広げて、読み始める。


【税務調査】

当該職員が保有している情報又は提出された納税申告書の検算その他の形式的な審査の結果に照らし

て、提出された納税申告書に計算誤り、転記誤り又は記載漏れ等があるのではないかと思料される場合において、納税義務者に対して自発的な見直しを要請した上で、必要に応じて修正申告書又は更正の請求書の自発的な提出を要請する行為

静まり返った法人課税第三部門に、渕崎統括官の声が響く。

「通達に、ちゃんと『提出された納税申告書に計算誤り』って書いてあるだろう」

山口調査官を問い詰める。

「しかし……私は調査対象の選定をしていてこの会社に計算誤りがあることを発見したことから、他にも誤りがあるだろうと推測して税務調査をしようとしたのですが。このような選定はできないということですか？」

山口調査官の声も高くなる。

「それは……」

渕崎統括官の声が一瞬詰まる。

「まあ、この通達は自発的な見直しを要請する行為の例として挙げているが……君の税務職員としての経験や勘で、この計算誤りを奇貨として税務調査の選定を行うことは一向に構わないが……」

渕崎統括官の声がトーンダウンする。

「そうすると統括官、この場合、税務調査に行く前に相手方がこの計算誤りについて修正申告を提

出してきたらどうなるんですか？」

山口調査官は、何かを思い出したように質問をする。

「どうなるって？」

渕崎統括官が聞き返す。

「つまり、この修正申告に対して、こちらで過少申告加算税を課すことができるかどうかということですよ」

山口調査官の語調はさらに強くなる。

「そりゃあ、こちらが計算の誤りを指摘して『調査をする』と言ってから納税者が修正申告書を提出するのだから、『更正を予知しないでした申告』には該当しないだろう」

渕崎統括官は、一瞬、考えてから言う。

国税通則法六五条五項では、次のように書かれている。

> 第一項の規定は、修正申告書の提出があった場合において、その提出が、その申告に係る国税についての調査があったことにより当該国税について更正があるべきことを予知してされたものでないときは、適用しない。

「そうすると……」

山口調査官が腕を組んで考える。

「もし私が、坂口工業の計算誤りに対して、この通達のように自発的な見直しを要請することで修正申告書の提出を要請した場合……もちろん相手方には『これは行政指導です』と伝えるのですけど……」

山口調査官は渕崎統括官の顔を見る。

渕崎統括官は、国税通則法が載った税務六法を見ている。

「それはもちろん、過少申告加算税は課せられないだろう。わざわざこの関係通達一–二にも『これらの行為のみに起因して、修正申告書若しくは期限後申告書の提出又は源泉徴収に係る所得税の自主納付があった場合には、当該修正申告書等の提出等は更正若しくは決定又は納税の告知があるべきことを予知してなされたものには当たらないことに留意する』と書いてあるのだから」

渕崎統括官は山口調査官に答える。

「そうすると、おかしいですね」

山口調査官は首を傾げる。

「何がおかしい？」

「だって同じ計算の誤りで、税務署が『税務調査をする』と言えば過少申告加算税が課せられ、『行政指導』と相手に伝えれば、課せられないということが」

「それは……税務調査をするという前提で計算の誤りを伝えるのだから、その後、修正申告書が提出されたら、国税通則法六五条五項は適用されないだろう」

渕崎統括官のコメントに、山口調査官はしばし沈黙した。

【解説】

❖ 税務調査と行政指導

適正な納税義務の履行を求めるために課税庁が納税義務者に対して行う行為としては、「調査」と「行政指導」がある。

「調査」が一般的に国税通則法七四条の二から七四条の六までの規定にもとづいて質問検査権の行使をともない、その相手方となる納税義務者等はいわゆる受忍義務を負うことになる（当該職員の質問に対する不答弁等に対しては刑罰が科される）のに対し、「行政指導」は納税義務者の自発的な意思にもとづく協力を求めるもので、納税義務者に何ら法令上の義務を負わせるものではない。さらに、「行政指導」については七四条の九から七四条の一一までの規定も適用されないことから、課税庁の行為が「調査」か「行政指導」のいずれに該当するのかによって、納税義務者が置かれる法律上の立場は大きく異なるのである【図10－1】。

しかしながら「行政指導」に該当する行為のうちには、申告内容に疑義が生じた事項に納税者に質問（確認）等をした場合、当該行為が「調査」または「行政指導」のいずれに該当するのか明らかでない場合が生ずる。

そこで、国税通則法第七章の二（国税の調査）関係通達一－二において、「調査に該当しない行為」を具体的に示したのである。

図10－1　税務調査と行政指導

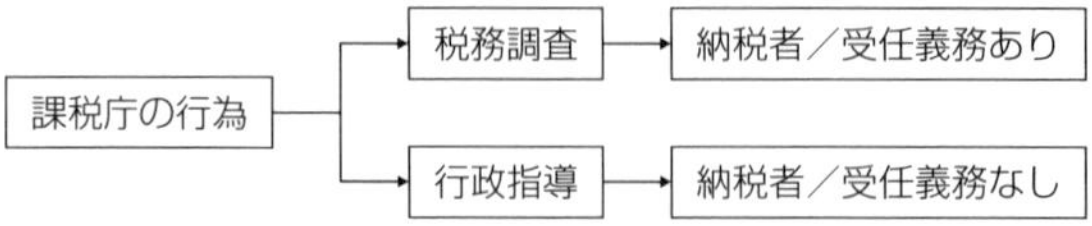

同通達の「また、これらの行為のみ……予知してなされたものに当たらない」との文言の意味は、「調査」に該当する行為をともなわない行政指導のみが対象になる。すなわち「行政指導」→「調査」に移行した場合には同通達は該当しないし、また、調査の結果修正申告書の提出の勧奨（「調査」→「行政指導」）に応じたとしても、その提出は更正があるべきことを予知してなされたものに該当する。

なお、行政手続法二条六号において「行政指導」とは、「行政機関がその任務又は所掌事務の範囲内において一定の行政目的を実現するため特定の者に一定の作為又は不作為を求め指導、勧告、助言その他の行為であって処分に該当しないものをいう」と規定されている。

Column

税務署という社会
——スカートをはいた税務職員——

「スカートか……」

金川副署長（五五歳）は、渋い顔をしている。

税務署の二階にある副署長室から、川沿いに並んでいる桜の木々が空一面に薄桃色の花びらを舞い上がらせているのを見ることができる。

「本人の趣味なんでしょうかね？」

高田統括官（五一歳）は、金川副署長の顔を覗きながら言う。管理運営部門の徴収官である「美山和夫」の件である。

美山和夫（三七歳）は、一年前から河内税務署にスカートをはいて出勤している。

もちろん、美山和夫は男性である。子供二人の父親で、配偶者もいる。

「なんで、スカートをはく……？」

上司の高田統括官が本人に問いただしても、美山和夫は「いや、スカートをはきたいからです」としか答えない。

高田統括官が不満そうな顔をしていると、「なぜ女性はスカートをはくことが許されて、男性は駄目なのですか?」と、逆に美山和夫は反論する。

管理運営部門は、法人税や所得税の部門と違って内勤事務が多い。

高田統括官は、美山徴収官がスカートをはきだしてから専ら内勤を命じている。

美山和夫は黙ってその命に従っている。

「できるだけ、納税者の目に映らないように……」

金川副署長がアドバイスをする。

「最近は性同一性障害ということについてマスコミが騒いでいるし、スカートをはくぐらいであまり騒ぐこともできない」

金川副署長の言葉に、高田統括官は大きく頷く。

「……実は私も小さい頃、よく姉に、姉のスカートをはかせてもらったことがあるのですが」

五〇歳を少し超えている高田統括官は、少し照れるように言う。

「おいおい……まさか君までスカートをはきたいと言うんじゃないだろうな?」

金川副署長は目を大きくして高田統括官を見る。

「いえいえ、子供の頃の話ですよ。まさかこの歳でスカートをはきたいなんて思ったことはありませんよ」

高田統括官は真剣な顔で答える。

「いや、ひょっとしたら、君なんかスカートが似合うのかもしれない」

金川副署長は大きく笑いながら冗談を言う。

高田統括官は憮然とした表情をしている。

「昔は税務署は男社会だったんだけれど……男女雇用機会均等法によって多くの女子職員が税務署に入ってきて、いろいろと新しい問題も起きている……」

金川副署長は、昔を懐かしむような眼差しになる。

「そうですね。所得税や法人税の調査部門であれば一人で調査に行くのが原則ですが、若い女子職員だと、どんな業種でも行かせるということはできない……統括官としては安全な業種を選定しなければ」

高田統括官が言う。

「そうだな。以前、女子職員が建設会社に調査に行って納税者から乱暴されたという話を聞いたことはある」

金川副署長は大きくため息をつく。

「しかし、国税専門官の試験成績は女性のほうが良いですからねえ」

「確かにそうだ。僕も局の人事課にいたからその話はよく知っているが……しかし税務職員として仕事ができることと、ペーパーテストの成績は必ずしも一致しないからなあ」

金川副署長は渋い顔をする。

しばらく沈黙が続く。

「……ところで、美山徴収官の件ですが」

高田統括官は、再び話を美山徴収官に戻す。

「うん？」

桜の花びらを眺めていた金川副署長の目は、窓から高田統括官に戻る。

「本人は、法人課税部門で働きたいと……」

「法人課税部門？　美山は、スカートをはいて税務調査に行きたいというのか！」

金川副署長の声が荒くなる。

「管理部門のような仕事では将来税理士になったときに困るから、法人税の経験もしておきたいと……」

金川副署長は美山徴収官の身上申告書を開く。

「そうか……税理士試験の簿記論と財務諸表論はすでに合格しているのか」

金川副署長は、身上申告書をポンと机の上に置く。

「はい、美山徴収官は努力家でして。簿記論と財務諸表論は、税務署に入ってから勉強して合格しました。それで、税務の経験年数が一五年以上ありますから、税法三科目は免除されて税理士になる資格を有しています」

高田統括官は、流暢に美山徴収官の情報を伝える。

「スカートをはいた税理士の誕生か？」

金川副署長は腕を組んで唸る。

「スカートをはいた税理士って、なかなか上手いですね」

高田統括官はニヤニヤと笑いながら言う。

「しかし……納税者の前に、スカートをはいた美山君を行かせるわけにはいかない」

金川副署長はキッパリと言う。

「やはりそうですよね。どう考えても」

高田統括官は、自分を納得させるように大きく頷いた。

副署長室の窓から明るい日が差し込んでいた。青い空には、薄桃色の桜の花びらはもう舞っていなかった。

「桜も今週一杯だな」

金川副署長はそう言いながらゆっくりと立ち上がり、少し背を反らし、川沿いのピンク色になった土手を見つめた。

II

税務調査の実際

Chapter 11

優良法人の税務調査（1）

「田村上席、ちょっと」

渕崎統括官が田村上席調査官を呼ぶ。

田村上席調査官は、机の上で納税者から預かった請求書のチェックをしている。

「はい……すぐに行きます」

田村上席調査官は途中まで見ていた請求書の束を机に置いて、渕崎統括官の席に行く。

「今度、優良法人の調査に行くから、君も同伴してくれないか？」

渕崎統括官は少し申し訳なさそうに言う。

「統括官が調査に行くのですか？」

田村上席調査官は大きな声で確認する。

「そうだ。優良申告法人で、規模が少し大きいから、君にも手伝ってほしい。まあ、三日ぐらい一緒に会社に行ってもらいたい」

渕崎統括官は、田村上席調査官の顔を見ながら言う。

「ええ、それは構いませんが、来月の中旬にしていただけると調査日程が比較的空いていて助かります」

田村上席調査官は、自分の調査スケジュールを思い出しながら伝える。

「そうか、それじゃ、会社にはそのように連絡しよう」

渕崎統括官は大きく頷く。

「しかし、統括官も大変ですね。部下の調査の指示もしなければならないし、また統括官自身も直接調査をしなければならないし」

田村上席調査官は渕崎統括官に同情する。

「まあ、中間管理職は仕方がない……年間二～三件の調査は統括官もすることになっているからね。今回は優良法人だから、少し気が楽だよ」

渕崎統括官は薄笑いをする。

「この会社の調査履歴を読んでも経理状況は良好で、特に大きな問題は過去になかったから……そんなに手間はかからないと思う」

田村上席調査官は、渕崎統括官の机の上に置かれている申告書のファイルを見つめている。そして少し不満そうに、渕崎統括官に言う。

「しかし、優良申告法人にそんなに調査時間を取らなくても……もっと悪質な納税者のところへ調査の時間を割いたほうが良いと思うのですが」

「……確かに、君の言うとおりかもしれない」

渕崎統括官は軽く頷く。

「まあ、これも組織の規定だからな」

渕崎統括官は自分を納得させるように言う。

◇

渕崎統括官と田村上席調査官は、会議室で、片桐会長、その息子である社長、経理担当者の齋藤課長、そして吉田税理士の四人とテーブルを挟んで、会社の概要を聞いている。

「今の社長で三代目ですよ」

会長は簡単に会社の設立からの経緯を説明した。

その後、社長は会社の現況を一〇分余り説明すると、用事のため退席した。

しばらくして、渕崎統括官は「すみませんが、御社の確定申告書を三期分見せてもらえませんか?」と言った。

税務署では、納税者から提出された確定申告書は、紛失のおそれがあるということで署内から持ち出し禁止となっている。したがって税務調査では、必要の都度、納税者の保管している確定申告書を見せてもらうことになっている。

会議室の隅には、段ボール箱がうずたかく積まれている。

田村上席調査官は、経理担当者に直近の総勘定元帳の提出を求めた。

齋藤課長は片隅に置かれてある一つの段ボール箱を開けて、一冊の分厚い総勘定元帳を取り出した。

田村上席調査官は段ボール箱の置かれているところまで行って、総勘定元帳を受け取る。経費項目と給与等の源泉徴収関係は、田村上席調査官が調べることにあらかじめ二人の間で決められていた。

「……ところで、会社更生手続でこのエステイト社の債権（社債）を損失に処理していますが、これに関する書類を見せてもらえませんか？」

渕崎統括官は、申告書の内訳書に計上されている雑損失六〇〇〇万円の金額についての確認をしている。

齋藤課長は、エステイト社の更生計画案のファイル二冊を三階の事務室から持ってきた。

渕崎統括官はその二冊のファイルを受け取ると、中身を確認し始めた。ファイルを何度もめくりながら、その日付を罫紙に記録している。

「裁判所から免除額の通知が一一月二〇日にあったのですよね」

齋藤課長に確認する。

「はい、そこには六〇〇〇万円が『免除される金額』として示されています」

「……しかしその後、債権者の合意書を求める書類がここにファイルされていますね。そして、この債権者の合意書の結果通知がここにありますけど……これって、翌年の二月二七日となっていますが、これが最終的に……確定の日になるのでは？」

渕崎統括官が尋ねる。なお、会社の決算日は一二月三一日である。

「えっ、裁判所からの免除額の通知日が確定日でしょ……」

吉田税理士が立ち上がって渕崎統括官に確認する。

渕崎統括官は黙ったまま、ファイルを見つめている。

吉田税理士は渕崎統括官の傍らまで行って、ファイルを覗く。

渕崎統括官は黄色い附箋を更生計画案に何枚か付け、齋藤課長に、それらのコピーを依頼する。

「……」

吉田税理士は少し青ざめた顔で渕崎統括官を見つめた。

【解説】

❖ 優良申告法人

優良申告法人は経理内容はもちろん、過去の納付状況、代表者の納税意識等の一定の基準が必要とされているが、原則として、過去の申告事績および調査事項にもとづき「机上調査」に掲げる基準のすべてに該当する法人（過去五年以内に表敬を行った法人を除く）から深度ある調査の対象に選定したもので、この「深度ある調査」の結果および資料情報にもとづき基準のすべてに該当する法人が表敬基準（優良申告法人基準）となる［図11-1］。

図11-1　優良申告法人

一般法人 → 机上調査 → 深度ある調査 → 優良申告法人

① 机上審査

(1) 所得金額が過去五年間の国税局管内の有所得法人の平均申告所得金額以上

(2) 表敬対象年度前五年間継続して青色申告

(3) 継続的な期限内申告、完納

(4) 七年以内の調査により法人の事業実態が的確に把握され、かつ法人税について不正計算がなく、各年度の申告漏れ割合が一〇%以下

② 深度ある調査

(1) 法人税について、調査年度における申告漏れ割合が過去五年間に調査した申告漏れ割合の二分の一以下（六・五%）、かつ、増差所得金額の二分の一以下（一六〇万円）

(2) 消費税、源泉所得税について、各調査課税期間の追徴税額が過去五年間に調査した一件当たりの追徴税額の二分の一以下（二〇万円）

(3) 上記以外の国税についても不正計算および多額な更正等がない

(4) 追徴税額が期限内完納

(5) すべての取引が整然かつ明瞭に記録され、帳簿および証拠書類が適切に整理・保存され、事実関係や会計処理が速やかに確認できる

(6) 経理責任体制が確立されていて、内部牽制が機能しているなど経理組織が整備されている

(7) 企業会計と家計が明確に区分されており、いわゆる公私混同がない

(8) 不明朗な金融機関取引がない

(9) 取引先など他の者の不正計算に加担又は援助していない

(10) 使途不明金がない

❖ 会社更生手続

会社更生法は、経営困難である株式会社について、事業の更生を目的としてなされる更生手続を定めるために制定された日本の倒産法のひとつであるが、会社更生法にもとづく更生手続のことを「会社更生手続」と呼ぶ。

第二次世界大戦後、アメリカで実績を挙げつつあった当時の連邦倒産法第一〇章〝Corporate Reorganization〟の制度を日本に移植するべく、一九五二年に制定され、その後一九六七年に会社更生手続の濫用防止、債権者である取引先中小企業の保護の観点から実質改正がされ、さらに二〇〇二年に会社更生法の全部改正が行われた。

〔会社更生手続の流れと、民事再生手続との違い〕

民事再生手続とは、経済的苦境に立たされた債務者（民事再生手続を利用する債務者を「再生債務者」という）が自らの手で再生計画案を作成し、多数の債権者の同意および裁判所の認可を受けた上で、その再生計画にもとづく弁済等を行っていくことにより、再生債務者の経済的再生を図ることを目的とする制度である。

図11-2　会社更生手続の流れ

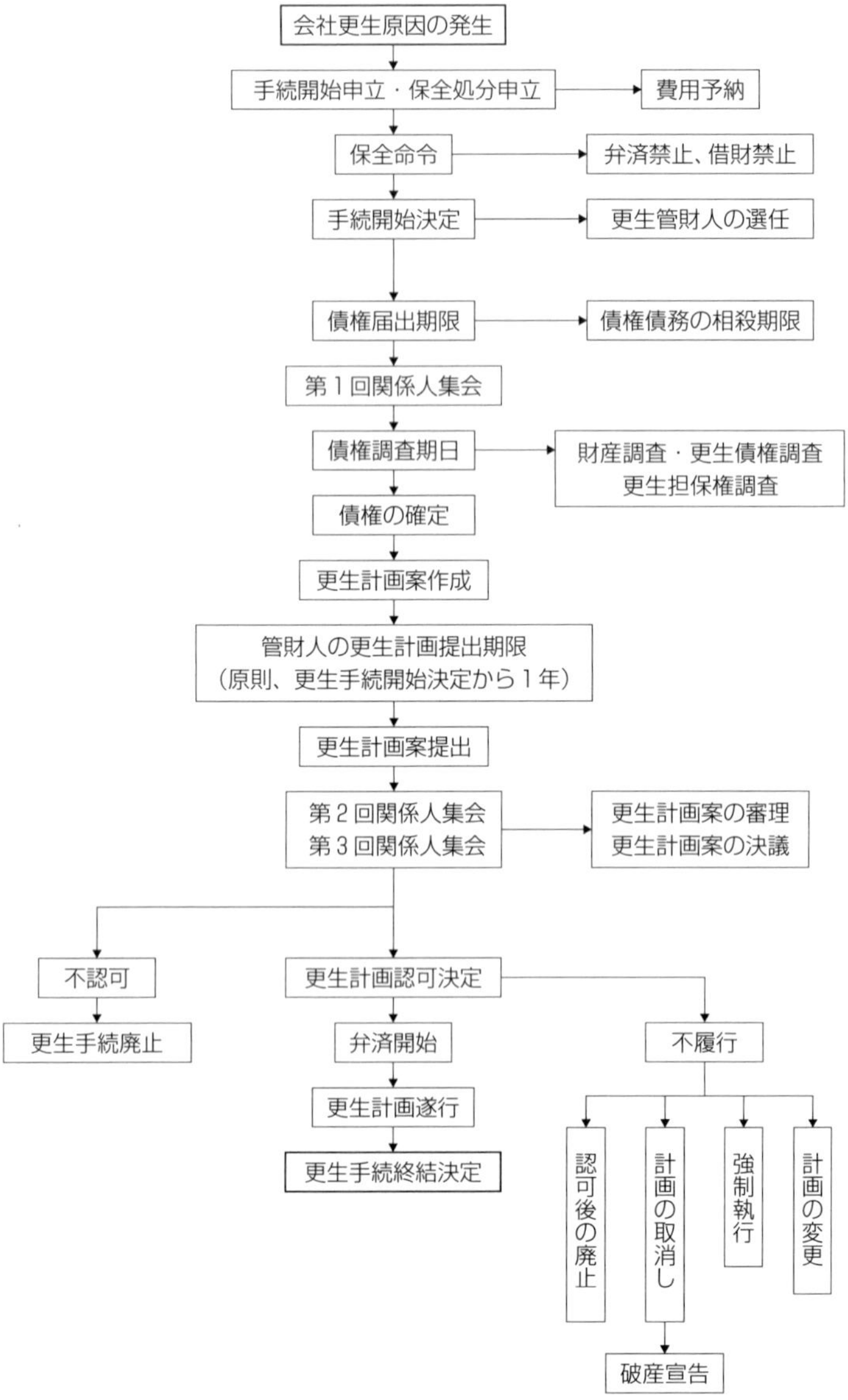
会社更生原因の発生
手続開始申立・保全処分申立
費用予納
保全命令
弁済禁止、借財禁止
手続開始決定
更生管財人の選任
債権届出期限
債権債務の相殺期限
第１回関係人集会
債権調査期日
財産調査・更生債権調査
更生担保権調査
債権の確定
更生計画案作成
管財人の更生計画提出期限
（原則、更生手続開始決定から１年）
更生計画案提出
第２回関係人集会
第３回関係人集会
更生計画案の審理
更生計画案の決議
不認可
更生手続廃止
更生計画認可決定
弁済開始
更生計画遂行
更生手続終結決定
不履行
認可後の廃止
計画の取消し
強制執行
計画の変更
破産宣告

これに対し、会社更生手続とは、経済的苦境に立たされた株式会社（会社更生手続を利用する株式会社を「更生会社」という）の経済的更生を図ることを目的とする制度である。民事再生手続と異なり、更生会社の財産に関する管理処分権は裁判所が選任した管財人が有することになり、更生会社が経済的更生を図るための更生計画案も原則として管財人が作成することが予定されている【図11-2】。

Chapter **12**

優良法人の税務調査（2）

「債権者の合意書の結果通知書は、確定申告書を提出した後に送られてきたのですが……」

齋藤課長は、吉田税理士に説明している。

「だから先生にこの雑損処理を相談したときは、この結果通知書はまだ受け取っていなかったのです」

吉田税理士は黙ったままである。

「……」

昼食時で、渕崎統括官と田村上席調査官は食事のため会議室にはいない。

「……まあ、とりあえず、食事をしましょう」

片桐会長が会議室の机に置かれた弁当を前にして、吉田税理士に言う。

「そうですね……それでは、頂きます」

吉田税理士は弁当を食べ始める。

会長も齋藤課長も弁当の蓋を開けて食べる。

「……この辺りで、食べる処があるのですか?」

吉田税理士が会長に聞く。

「そうですね……あまり昼食をするお店はないのですが」

「税務署の人たちは、どこで食べるのでしょうかね?」

齋藤課長は思案顔になる。

◇

渕崎統括官は辺りを見回すが、食堂らしきものは見えない。道路沿いには多くの工場が並んでいる。

会社を出て、すでに一〇分が過ぎている。

「……田村上席、どこかに食べる処はないのか?」

田村上席調査官もお店を探しているが、見当たらない。

「困ったなあ……事前に会社の人に食べる処を聞けばよかった」

渕崎統括官が呟いたとき、「ありましたよ!」と田村上席調査官が声をあげる。

一〇〇メートルほど先の交差点の角に、小さな青い屋根のレストランが見える。

「よし、行こう」

渕崎統括官の声は元気になる。

カウンターに六席と、二つのテーブルが置かれている小さなお店だった。

一つの空いているテーブルに、渕崎統括官と田村上席調査官が腰掛けると、早々にランチを注文する。

「よかったですね」

田村上席調査官が渕崎統括官に言う。

「そうだな」

渕崎統括官も頷く。

「……ところで、午前中の調査でわかった損失の処理について、どう思う?」

「更生計画案で切り捨てられた債権ですか?」

田村上席調査官が確認する。

「そうだ。あれは確かに、債権者の合意書の結果通知で判断すべきだと思うが……あの損失処理を貸倒引当金として取り扱うこともできるから……」

渕崎統括官は、考えながら言葉を選ぶ。

「法人税基本通達一一-二-一でしたか……」

田村上席調査官が答える。

「それで……貸倒引当金勘定への繰入額として取り扱った場合、その繰入限度額は法人税法施行令九六条三号を適用し、債権金額の五〇%を繰入額とするのか、二号の取立て等の見込みがないと認められる金額とするのか……」

渕崎統括官は腕を組んで考える。

「つまり、三号を適用すれば一〇〇〇万円の繰入限度超過額が発生し、二号であれば、所得金額の増額はないと……」

田村上席調査官は言葉を継ぐ。

「そうですねぇ……期末に裁判所から送られてきた免除額の通知書に書かれている金額が、二号の『取立て等の見込みがないと認められる金額』に該当するか否かですが……これは翌期にその金額で確定しているのですから、二号に該当しているともいえるのではないですか?」

田村上席調査官が首を傾げながら言う。

そのとき、若いウェイトレスが大きな皿とスープを運んできた。

「美味しそうですね」

皿の上には、茹でられた野菜の横にハンバーグとエビフライが置かれている。

ライスが運ばれると、田村上席調査官は早速食べ始めた。

渕崎統括官がまだ腕を組んで考えている姿を見て、「統括官。早く食べないと、午後からの調査が遅れますよ」と、エビをくわえながら田村上席調査官は急かす。

「そうだな……」

渕崎統括官は、スープを飲みながら、まだ考えている。

「債権金額の五〇%だと、所得金額が一〇〇〇万円発生するのか……」

田村上席調査官は黙々と食べている。

「この会社はもともと優良法人なのだから、そんなに無理して税金を取らなくてもよいか」

渕崎統括官は、一人で呟いている。

田村上席調査官の皿は、すでに何もない。

「統括官。早く食べないと」

時計は、すでに一時を示している。

渕崎統括官の皿には、まだ大きなエビフライとハンバーグが半分残っている。

「田村君、このエビを食べないか……まだ手を付けていないから」

渕崎統括官は、ハンバーグを食べながら言う。

「……そうですか」

田村上席調査官が渕崎統括官のエビフライを食べ終えると、渕崎統括官はスクッと立ち上がった。

「さあ、行こうか」

鞄を持った渕崎統括官は、今度は逆に田村上席調査官を促した。

【解説】

❖ 貸倒引当金

法人が、各事業年度終了の時において有する金銭債権の貸倒等による損失に備えるため、「個別評価金銭債

図12－1　貸倒引当金の区分

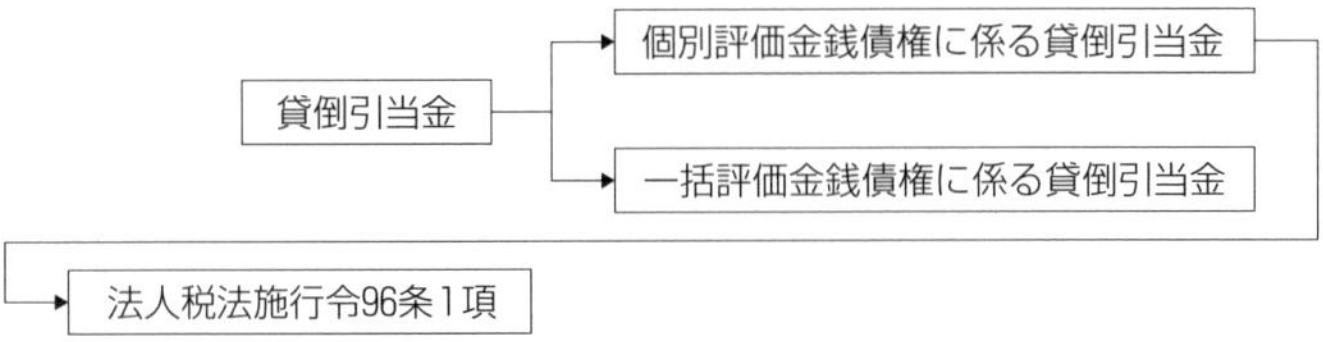

権に係る貸倒引当金」と「一括評価金銭債権に係る貸倒引当金」を区分し【図12－1】、それぞれの貸倒引当金について損金経理により貸倒引当金勘定に繰り入れた金額のうち、それぞれの貸倒引当金の繰入限度額に達するまでの金額は、損金の額に算入される（法人税法五二①②）。この貸倒引当金については、翌事業年度において、益金の額に算入される「洗替法」を採用している（法人税法五二⑩）。ただし、確定申告書に添付する明細書において明らかにすることを要件として、「差額繰入法」による経理も認められている（法人税基本通達一一－一－一）。

【一号】

内国法人が当該事業年度終了の時において有する金銭債権に係る債務者について生じた次に掲げる事由に基づいてその弁済を猶予され、又は賦払により弁済されること。当該金銭債権の額のうち当該事由が生じた日の属する事業年度終了の日の翌日から五年を経過する日までに弁済されることとなつている金額以外の金額

イ　更生計画認可の決定

ロ　再生計画認可の決定

ハ　特別清算に係る協定の認可の決定

ニ　イからハまでに掲げる事由に準ずるものとして財務省令で定める事由

〔二号〕

当該内国法人が当該事業年度終了の時において有する金銭債権に係る債務者につき、債務超過の状態が相当期間継続し、かつ、その営む事業に好転の見通しがないこと、災害、経済事情の急変等により多大な損害が生じたことその他の事由により、当該金銭債権の一部の金額につきその取立て等の見込みがないと認められること

〔三号〕

当該内国法人が当該事業年度終了の時において有する金銭債権に係る債務者につき次に掲げる事由が生じていること

↓ 当該金銭債権の額の一〇〇分の五〇に相当する金額

イ 更生手続開始の申立て

ロ 再生手続開始の申立て

ハ 破産手続開始の申立て

ニ 特別清算開始の申立て

ホ イからニまでに掲げる事由に準ずるものとして財務省令で定める事由

〔四号〕

当該内国法人が当該事業年度終了の時において有する金銭債権に係る債務者である外国の政府、中央銀行又は地方公共団体の長期にわたる債務の履行遅滞によりその金銭債権の経済的な価値が著しく減少し、かつ、そ

図12-2　貸倒引当金勘定への繰入

貸倒損失としての処理 → 貸倒引当金勘定に繰り入れた金額

の弁済を受けることが著しく困難であると認められること

↓ 当該金銭債権の額の一〇〇分の五〇に相当する金額

❖ 法人税基本通達一一-二-二

法人税法第五二条第一項《貸倒引当金》の規定の適用に当たり、確定申告書に「個別評価金銭債権に係る貸倒引当金の損金算入に関する明細書」が添付されていない場合であっても、それが貸倒損失を計上したことに基因するものであり、かつ、当該確定申告書の提出後に当該明細書が提出されたときは、同条第四項の規定を適用し、当該貸倒損失の額を当該債務者についての個別評価金銭債権に係る貸倒引当金の繰入れに係る損金算入額として取り扱うことができるものとする。

＊ 本文の適用は、同条第一項の規定にもとづく個別評価金銭債権に係る貸倒引当金の繰入れに係る損金算入額の認容であることから、同項の規定の適用に関する疎明資料の保存がある場合に限られる。

法人がある債権に対して、回収不能と判断して貸倒損失を計上している場合、当該債権に対して税務調査において貸倒処理が行えないと判断されたとしても、個別評価金銭債権に係る貸倒引当金勘定の繰入事由が生じていれば、通常、個別評価金銭債権に係る貸倒引当金勘定の繰入が行われたであろうと考えられる。したがって、そのような場合においては、貸倒損失額を貸倒引当金勘定に繰り入れた金額として取り扱っても課税上、問題はないと課税庁は考えている［図12-2］。

Chapter 13

優良法人の税務調査（3）

午後からは、睡魔との戦いである。

伝票をめくる渕崎統括官の手が止まる。瞼が重く、ついつい心地よい眠りに誘われる。

渕崎統括官は、眠りから逃れるために異常な力を込めて伝票をめくった。

田村上席調査官は、源泉徴収簿からパートの氏名とその支給額を写している。

時計の針は、午後二時を示している。

テーブルを挟んで座っている片桐会長は、先ほどから眼をつむっている。吉田税理士は目を開けているが、時々、眠気を払うように頭を振っている。齋藤課長は、頭を下げて完全に眠っている。耳を澄ますと、小さなイビキが聞こえる。

「……ところで」

渕崎統括官が声を発する。

「平成二三年分の領収書の綴りは、どこにありますか？」

急に声をかけられた齋藤課長は、驚いた様子で頭を上げた。

「平成二三年分、ですか？」

齋藤課長は少しふらつきながら立ち上がると、ゆっくりと部屋の片隅に置かれている段ボールのほうへ向かった。

「……すみませんが」

今度は田村上席調査官が吉田税理士に向かって尋ねる。

「この二人のパートの方、住所が記載されていないのですが」

吉田税理士は立ち上がって、源泉徴収簿を覗いた。

「齋藤課長、この二人の住所、わかりますか？」

齋藤課長は開いた段ボールから領収書の束をつかみながら、振り返る。

「誰の住所ですか？」

「柴田さんと、宮崎さんですが」

田村上席調査官の声を聞いて、齋藤課長は頷く。

「住所を書いてませんか？　ちょっと調べますから待ってください」

齋藤課長は段ボールの中から平成二三年分の領収書の綴りを取り出し、渕崎統括官に渡してから、応接室を出ていった。

「この人、途中入社ですが、年末調整をしていますね」

田村上席調査官が吉田税理士に確認する。

「前の会社の源泉徴収票があるのですか？」

吉田税理士が首を傾げる。

「そうですね……源泉徴収簿に添付してませんから、本人からもらっていないのでしょうね」

吉田税理士が小さく呟く。

「もっとも、本人からは所得のないことを確認していると思いますが」

「そうですか。本人から源泉徴収票の提示がない場合、本人の責任を明らかにするため、会社が年末調整をするのではなくて、本人に確定申告させなければ」

田村上席調査官は、眠そうな目をしている吉田税理士に少し強い口調で伝えた。

その時、会議室のドアが開いて、齋藤課長がメモを持って戻ってきた。

「すみません……経理の担当者が源泉徴収簿に住所を記載するのを忘れていて……これが二人の住所です」

齋藤課長は、田村上席調査官にメモを手渡した。齋藤課長が席に着くと、会議室は再び静寂に包まれた。

渕崎統括官の領収書をめくる音が規則的に聞こえる。

時々、会長が咳をする。

「すみませんね。風邪ではないのですが、歳のせいで喉が弱くなって」

吉田税理士に向かって説明する。

「会長はもう退席されてもいいですよ」

吉田税理士は笑いながら声をかけた。

時計は午後四時を回っている。会長はいつも四時過ぎに帰宅することになっている。

渕崎統括官は、壁に掛かっている時計を見る。

附箋の付いている領収書の綴りが、渕崎統括官のテーブルの前にうずたかく積まれている。

「すみませんが」

渕崎統括官が齋藤課長に声をかける。

「この附箋をした領収書をコピーしていただけますか？」

「この領収書ですね」

齋藤課長は四つの領収書の綴りを重ねて運ぼうとする。

一つの綴りがズレて齋藤課長の腕から落ちそうなのを見て、吉田税理士が「一つ持ちましょうか」

と声をかけた。

「いえ、大丈夫ですよ」

齋藤課長は腕でズレを直しながら、領収書の綴りをコピー機のある二階に運んでいった。

再び、渕崎統括官は時計を見た。

時計は午後四時二〇分を示している。

「コピーを頂いたら、今日の税務調査は終わりたいと思っているのですが」

渕崎統括官は田村上席調査官のほうをチラッと見ながら、吉田税理士に告げた。

田村上席調査官はすでに、テーブルの上を片づけ始めている。

「コーヒーでもいかがですか?」

会長が声をかける。

「いいえ、もう帰りますから結構です。ありがとうございます」

渕崎統括官が礼を言う。

その時、吉田税理士が「損失の処理の件ですが」と渕崎統括官に話しかけた。

「その件は、署で再度検討してからお答えしますので」

渕崎統括官は机の上に置かれた電卓や筆記用具などを鞄に入れながら、そう答えた。

【解説】

❖ 年末調整

毎月給料などを支払う際に税額表によって所定の税額を徴収していても、年の中途で扶養親族等の数に異動があること、また生命保険料控除や地震保険料控除などは年末調整のときに控除することになっているため、総与の支給総額について計算した正規の年税額とは一致しないので、その源泉徴収税額の過不足を精算する必要がある【図13-1】。この精算を行うことを年末調整という(所得税法一九〇)。

次のいずれかに該当する人は、年末調整の対象とならない。

図13-1　年末調整

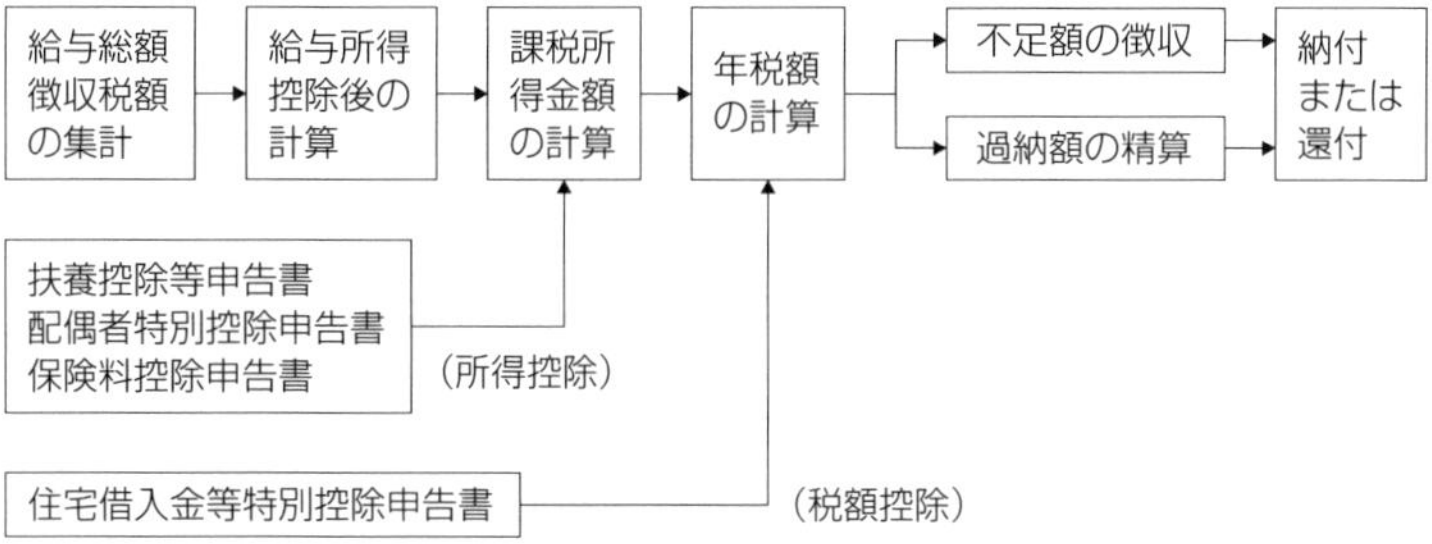

① 「給与所得者の扶養控除等申告書」を源泉徴収義務者に提出していない人
② その年中の給与などの収入金額が二〇〇〇万円を超える人
③ 年の途中で退職（死亡退職等を除く）した人
④ 「災害被害者に対する租税の減免、徴収猶予等に関する法律」の規定により、源泉所得税の徴収猶予または還付を受けた人

❖年末調整に関する裁決

① 請求人は本件給与に係る給与所得の源泉徴収票の「給与所得控除後の金額」欄が空白であるため本件給与に係る所得はないものとして確定申告をした旨主張する。しかしながら、請求人には、平成六年中にA大学からの給与と本件給与の二か所から給与等の収入金額があることが認められ、所法第一九〇条の規定による年末調整を受けた給与は、A大学からの給与であり、本件給与は同法の規定による年末調整を受けていないことから、本件給与に係る源泉徴収票の「給与所得控除後の金額」欄が空白であることは法律の規定に従ったものであるので、請求人の主張は採用できない（平成九年三月四日仙裁（所）平八−二五）。

② 請求人は、水道衛生工事に係る収入について、（1）受注先に社員として採用されていること、（2）受注先からは下請工事に係る支払と給与に係る支払を別々に支給されていたこと、（3）給与として支給された金員は年末調整がされていることから、これを給与所得と事業所得に係る収入金額にそれぞれ区分すべきである旨主張するが、（1）請求人は、受注先の名目上の社員であると認められること、（2）受注先においては、給与の大半が請求人が請求した下請に係る工事代金の中から支払われていることからすると、本件収入金額はすべて事業所得に係る収入金額と認めるのが相当である（平成九年九月三〇日広裁（所）平九-三二）。

③ 請求人は、従業員に係る所得控除の適用に当たり、扶養控除等申告書の記載又は提出がない者についても、本人から口頭で適用要件を充たしていることを確認しているから、所得控除を適用すべきである旨主張するが、年末調整による源泉所得税の算定に当たっては、扶養控除等申告書の記載内容に基づいて控除を適用することとされているから、単に本人から口頭で適用要件を充たしている旨を確認しただけでは、所得控除を適用することはできない（平成一〇年一二月一五日大裁（諸）平一〇-六三）。

④ 請求人は、年末調整等を受ける機会のない外国人タレントから所得税を源泉徴収することを規定した所得税法は違憲であり、したがって、請求人は源泉徴収義務はない旨主張する。しかしながら、請求人が招へいした外国人タレントは、通常六か月以内しか滞在できないことから、所得税法第二条第一項第五号に規定されている非居住者に該当し、また、本件タレント報酬は、外国人タレントが国内の飲食店等において人的役務を提供したことに基因して支払われたもので、所得税法第一六一条第八号イに規定されている国内源泉所得に該当することから、請求人は所得税法第二一二条の規定により、本件タレント報酬の支払

の際、所得税を徴収する義務があると認められる（平成一五年六月二三日福裁（法・諸）平一四―三五）。

⑤　請求人は、代表取締役に対する役員報酬に係る納税告知処分には、代表取締役の実母と義母が扶養親族に含まれておらず、また、代表取締役が支払った社会保険料及び生命保険料も考慮しないで源泉所得税の額を計算した違法がある旨主張する。しかしながら、代表取締役は、扶養控除等申告書を所得税法第一九四条第一項に定められた提出期限までに請求人を経由して原処分庁に提出していなかったのであるから、代表取締役に対して支給した役員報酬に係る源泉所得税の額は、同法第一八五条第一項第二号イの規定に基づき同法別表第二の月額表の乙欄に掲げる税額となり、また、同法第一九〇条に規定する年末調整を行うことができないこととなる。そうすると、代表取締役に対する役員報酬に係る源泉所得税の額は、原処分庁が行った納税告知処分の源泉所得税の額をいずれも上回ることから、その範囲内でなされた納税告知処分は適法である（平成二二年六月二四日仙裁（法・諸）平二一―二九）。

Chapter **14**

優良法人の税務調査（4）

「やはり、無理かなあ」

渕崎統括官が田村上席調査官に声をかけた。

法人課税第三部門の職員はみんな税務調査で出張していて、渕崎統括官と田村上席調査官しかいない。

田村上席調査官は振り向いて、渕崎統括官を怪訝そうに見る。

「……？」

「いや、あの例の……更生計画案で切り捨てられた債権なんだが」

渕崎統括官は苦笑いしながら言う。

「ああ、あれですか」

田村上席調査官は大きく頷く。

「あれは仕方ないでしょう」

渕崎統括官は未練がましく首を傾けている。

「それに、優良法人ですから……」

田村上席調査官は、渕崎統括官を諭すような口調で言った。統括官と上席調査官の立場が逆転しているようである。

「まあ優良法人であるかどうかはともかく、理論上は翌期に切捨てが確定している金額なのだから、法人税法施行令九六条二号が適用されて……結局、あの損失処理が引当金として認められるということだな」

渕崎統括官は、自分を納得させるように呟く。

「まあ、上の決裁を受けるときにはややこしいから、この件は省略しておこう。他については特に問題もなかったのだから、優良法人として継続する手続はすることにしよう」

渕崎統括官は、調査記録等をファイルした書類を机の横にポンと置いた。

「ところで、今回の税務調査の結果を会社に伝えなければならないから、すまんが田村上席、会社に連絡してくれないか?」

実地調査が終了してから、三週間が過ぎている。

「私も会社に行くのですか?」

田村上席調査官が尋ねる。

「いや、税務調査の結果の報告だから私一人で行くよ」

渕崎統括官は笑って答える。

「そう言えば、吉田税理士がしきりにあの債権の損失処理の結末を気にしていましたね」

田村上席調査官は、吉田税理士が渕崎統括官に債権の損失処理の意見を聞きたがっていた様子を思い出した。

「そうだな」

渕崎統括官も頷く。

「まあ今回は、不問にするとでも言っておくか」

渕崎統括官は、吉田税理士の生真面目そうな顔を思い出しながら言った。

◇

どんよりとした空から、大粒の雨が降っている。

渕崎統括官は濡れた傘の滴を落としながら、会社の玄関に置かれている受話器を取る。

しばらくすると若い女性の事務員が二階から下りてきて、渕崎統括官を会議室に案内した。

濡れた肩をハンカチで拭いていると、斎藤課長と吉田税理士が会議室に現れた。

「どうも、雨の中、ご苦労様です」

斎藤課長が声をかける。

「いや、だいぶ濡れてしまって」

渕崎統括官はハンカチで拭きながら答える。

「よかったら、タオルでも持ってきましょうか?」

齋藤課長が尋ねると、渕崎統括官は首を横に振りながら、ハンカチを後ろのポケットに仕舞った。

「もうすぐ会長も来ますので」

吉田税理士が渕崎統括官に言う。

「はい、今日は税務調査の結果報告で、すぐに終わりますから」

渕崎統括官は二人に告げた。

田村上席調査官が会社にアポイントメントをとるときに、今回の税務調査では、特に問題はなかったと事前に伝えてある。

片桐会長が会議室に入ってきた。

「どうも、今日はご苦労様です」

会長は挨拶をすると、齋藤課長の席の横に座る。

三人を前にして、渕崎統括官は税務調査の結果報告を述べる。

「今回は御社において三日間実施調査をした結果についてご報告に来たのですが、結論から言えば、特に問題はないということであります。会社の経理状況も良好でありますし、特に指摘すべき問題点もありませんので、御社においては優良法人として今後も継続できるように、こちらで上申したいと思います」

会長と齋藤課長は満足そうに頷く。

「ところで……更生計画案で切り捨てられた債権の処理については?」

吉田税理士が尋ねる。

「あの件については、とりあえず今回は不問にします。しかし後で……会計検査院で指摘された場合、修正してもらうことになるかもしれません」

渕崎統括官は少し強い口調で言う。

「しかし」

吉田税理士が言葉を続けようとしたとき、会長が遮った。

「まあまあ、吉田先生、それで良いじゃないですか。今回は何も指摘がなかったということだし、優良法人として上申もしていただけるということですから」

会長は少し不満そうな吉田税理士を諭す。

「ところで、優良法人の税務調査がこれで終わったので、一度うちの署長と副署長に会っていただきますが、それについてはまた後日ご連絡させていただきますので」

渕崎統括官はそう言うと、会長に優良法人の申請に必要な書類（会社・個人の履歴等の記載）を手渡した後、早々に退席した。

【解説】

❖ 会計検査院

日本国憲法は、「国の収入支出の決算は、すべて毎年会計検査院がこれを検査し、内閣は、次の年度に、その検査報告とともに、これを国会に提出しなければならない」と定めている（日本国憲法九〇条一項）。また、内閣に対しては、独立の地位を有している（会計検査院法一条）。

国や国の出資する政府関係機関の決算、独立行政法人等の会計、国が補助金等の財政援助を与えている地方公共団体の会計などの検査を行い、会計検査院法二九条の規定にもとづく決算検査報告を作成することを主要な任務としている。作成された決算検査報告は内閣に送付され、内閣は送付された決算検査報告を国会に提出することとなっている。

意志決定機関である検査官会議と事務総局で組織され、検査官会議を構成する三人の検査官は国会の同意を経て、内閣が任命し天皇が認証する（認証官）。会計検査院長は、検査官のうちから互選した者を内閣が任命する。

Chapter **15**

優良法人の税務調査（5）

「先生、税務署から連絡が来ました」

齋藤課長から吉田税理士事務所に電話が入った。税務調査が開始されてから二か月が過ぎていた。

「それで、来週木曜日の一一時に税務署に来てくれと」

齋藤課長が吉田税理士に伝える。

「会長も行かれるのですか？」

吉田税理士が確認する。

「もちろんです。会長と先生と私の三人で行く予定ですが……先生はその日、ご都合はよろしいですか？」

齋藤課長の質問に、吉田税理士は、予定表のボードを見た。

「ええ、特に予定が入っていませんから、私も同伴させていただきます。しかし来週ということは、もう六月ですね」

吉田税理士は、予定表のボードの日付を見ながら言う。

「七月初旬に税務署の人事異動があるから、税務署内も忙しいのでは」

吉田税理士が受話器を持ちながらつぶやく。

「そうでしたね。七月は、国税局の人事異動の月ですね」

齋藤課長も思い出したように、吉田税理士の言葉を繰り返した。

待ち合わせ場所と時間の確認を終え、吉田税理士は電話を切ってから、独り言を言う。

「たしか今年は……七月一〇日が人事異動の発令日か」

◇

税務署の玄関で、片桐会長と齋藤課長が立っている。午前一〇時四五分である。

強い日差しが会長と齋藤課長の足元に照っている。幸い、膝から上の部分はひさしの陰のおかげで日が当たらない。

しばらくして、吉田税理士が額に汗を浮かべながら小走りでやってきた。

「お待たせしてすみません」

吉田税理士は、腕時計を見る。一一時三分前である。

「それでは、そろそろ行きましょうか」

ネクタイをしている会長が吉田税理士に告げる。

齋藤課長は、ネクタイの喉元をしきりに触っている。

「会長、ネクタイを外してもよろしいですかね」

齋藤課長は会長の紺色のネクタイを見ながら尋ねた。

「そりゃ、構わないだろう。今は税務署もクールビズだから、職員は誰もネクタイをしていないだろうし」

「そうですか……先生も外されたらどうですか?」

齋藤課長は自分だけネクタイを外すことに気が引けたのか、吉田税理士に対して、ネクタイを外すよう促す。

「会長も……こんなに暑いですから、外されたらどうですか?」

吉田税理士が会長に言葉をかける。

「いや、私はネクタイをしていたほうが逆に気が引き締まるから、このままで良いです。先生や齋藤課長は遠慮なく外してください」

税務署の前で齋藤課長と吉田税理士はネクタイを外して、建物の二階にある法人課税部門へ向かった。

二階に上がると、窓を背にしている渕崎統括官の姿が見えた。その前に置かれている机では、田村上席調査官がパソコンに向かっている。

吉田税理士が渕崎統括官の机の近くまで行くと、統括官は顔を上げた。

「ああ、どうも、暑いところご苦労様です」

渕崎統括官の額にも汗が見られる。税務署内は節電のため、冷房の温度を低く設定していない。

「今、総務課長に連絡してきますから、そこでお待ちください」

三人は渕崎統括官の座席から少し離れたところにある、パーテーションに囲まれた応接セットに案内された。

「暑いですね」

齋藤課長が吉田税理士に向かって呟いた。

「節電だから仕方ないですね」

その時、若い男性職員が冷たいお茶を運んできた。同時に、田村上席調査官がニコニコしながら顔を見せる。

「暑いですねえ。もうすぐ統括官が皆さんを署長室にお連れしますから、少々お待ちください」

「田村さんは、来月の人事異動で転勤されますか……?」

吉田税理士が声をかけた。

「いえいえ、私はまだ、この署に来て二年ですから。たぶん異動はないと思いますよ。もっともこればかりは、蓋を開けてみなければわかりませんけど」

含み笑いをしている田村上席調査官の後ろから、渕崎統括官が声をかける。

「お待たせしました。それでは署長室にご案内します」

渕崎統括官の後に、三人が続く。

署長室には、白髪で長身の署長と五十路過ぎくらいの女性の副署長がいた。テーブルを囲んで、一

○人くらい座れる大きな応接セットである。
署長の向かい側に、三人は並んで座った。

「今日はわざわざ来ていただいて、ありがとうございます。統括官からは調査の報告を聞いています。特に問題はないということで」

白髪の署長は座りながら、頭を少し下げる。署長の顔は、ゴルフの日焼けか、浅黒い。

〝特一ポスト〟の税務署長なので、今回の人事異動で退職することになっている。

署長との面会は五分くらいの雑談で終わった。

税務署の玄関まで来たとき、齋藤課長は吉田税理士に言った。

「あっけなく終わりましたね……」

税務署から会社に「更正決定等をすべきと認められない旨の通知書」(いわゆる、申告是認通知書)が送られてきたのは、六月末日であった。

【解説】

❖ 税務署の人事異動

税務署の人事異動の時期は、七月の初旬である。その一週間ほど前に「内示」があり、その後、正式な辞令が出される。税務署の仕事の性格上、長期間同じ税務署に勤務することはほとんどなく、三年から五年というローテーションで転勤が行われる。転勤先は、基本的に各国税局の管轄内での異動となる。七月初旬が転勤時期であるから、税務調査もそれを前提として、税務調査の事後的な処理も六月末までに終了するようにしている。したがって、原則的に、六月に入って新たに税務調査をスタートさせるということは少ない。もっとも、転勤を予定していない税務職員、または何らかの理由によって税務調査の必要がある場合には、税務調査が翌事業年度までかかることを想定して、税務調査が開始されることもある。

人事異動は、各税務職員の提出する身上申告書や過去の勤務成績（税務調査の実績など）にもとづいて行われる。これらの期限は三月末で、その後、国税局の人事課で、七月以降の人事が検討される。したがって、四月以降の税務調査は、基本的に七月の人事異動には影響しないと言われている。四月から六月に行われる税務調査は、あまり厳しくないと言われるゆえんである。

❖ 特一ポスト

税務署長のポストに「特一ポスト」と呼ばれるものがある。税務署の中でも特に規模の大きい、重要な税務署の署長のポストを言う。国税局の部長クラスの地位に相当し、勤務期間は原則一年である。したがって、このポストは、就任してから一年後には退職することが予定されているポストである。

たとえば、東京国税局であれば「麹町税務署」「渋谷税務署」「神田税務署」「四谷税務署」、大阪国税局であれば「東税務署」「北税務署」「南税務署」「神戸税務署」などは、特一ポストと言われている。

❖ 更正決定等をすべきと認められない旨の通知

税務調査が終了し、その対象となった申告書を是正する必要がないと税務署が判断した場合、当該納税者に「更正決定等をすべきと認められない旨の通知」を税務署は通知しなければならない。従来は、「申告是認通知書」によって行われていたが、その通知が行われるのが区々で、納税者に対して税務調査の結果が明らかでないケースも生じた。そこで、新たな国税通則法によって、税務調査後、申告書の是正が必要でないと認められた場合には、納税者に対して「更正決定等をすべきと認められない旨の通知書」［図15-1］を通知することになった。

図15-1　更正決定等をすべきと認められない旨の通知書

納税地	541−00 大阪市中央区
法人名等	株式会社
代表者又は管理人氏名	代表取締役　殿

第 4613 号
平成25年 6月27日

税務署長
財務事務官

更正決定等をすべきと認められない旨の通知書

下記の内容について、国税に関する実地の調査を行った結果、更正決定等をすべきと認められませんので通知します。

記

税目	更正決定等をすべきと認められない課税期間等	（参考）調査対象期間
法人税	自平成22年 1月 1日至平成22年12月31日事業年度 自平成23年 1月 1日至平成23年12月31日事業年度 自平成24年 1月 1日至平成24年12月31日事業年度	自平成22年 1月 1日至平成22年12月31日事業年度から 自平成24年 1月 1日至平成24年12月31日事業年度まで
消費税及び地方消費税	自平成22年 1月 1日至平成22年12月31日課税期間 自平成23年 1月 1日至平成23年12月31日課税期間 自平成24年 1月 1日至平成24年12月31日課税期間	自平成22年 1月 1日至平成22年12月31日課税期間から 自平成24年 1月 1日至平成24年12月31日課税期間まで
源泉所得税	右記調査対象期間に法定納期限が到来する源泉所得税	自平成22年 2月10日至平成25年 1月31日に法定納期限が到来する源泉所得税
源泉所得税及び復興特別所得税	右記調査対象期間に法定納期限が到来する源泉所得税及び復興特別所得税	自平成25年 2月12日至平成25年 4月10日に法定納期限が到来する源泉所得税及び復興特別所得税
	以下余白	

備考	

Chapter 16 建設会社の税務調査（1）

渕崎統括官は少しイライラしながら、壁に掛かっている時計を見た。

午後六時を少し回っている。

「遅いなあ……」

椅子に座りながら呟く。

田村上席調査官と山口調査官は、税務調査からまだ帰ってこない。

今日は二人で、河内税務署管内にある内藤建設の調査に出かけている。内藤建設は大手ゼネコンの下請けで、道路工事などの土木が中心の株式会社である。

河内税務署管内では比較的規模の大きい会社で、田村上席調査官だけでは時間的に十分調べられないということで、山口調査官が同行していた。

◇

河内税務署では、毎週水曜日は職員が早く帰るように勧められている「早帰の曜日」となっている。このため他の職員はすでに帰宅しており、法人課税第三部門は渕崎統括官しかいない。

すると、ドアの向こうから足音が聞こえてきた。

ドアが開くと、少し息を切らせながら、田村上席調査官と山口調査官が姿を見せた。

「すみません、遅くなって」

田村上席調査官は机にドンと鞄を置きながら、渕崎統括官に頭を下げる。

「お疲れさん。調査が手間取ったのかい?」

渕崎統括官が尋ねる。

「ええ……帰る間際に、少しおかしな資料を発見したので」

山口調査官は鞄から書類を取り出す。

「これ、会社が受注した請負契約書のコピーなのですが……契約の日時ではすでに完了している工事なんです。それが、今期の売上に計上されていない」

渕崎統括官はその書類を手に取り、じっと見る。

「それで、会社はどう説明しているんだい?」

渕崎統括官が尋ねる。

「それが、途中で工事がキャンセルになったとか……。でも、それに関する資料もなくて、その工事の前受金二億円はそのまま帳簿に残っているんですよ」

今度は山口調査官が答える。

「請負金額は、五億円で」

田村上席調査官は少し興奮した声で、渕崎統括官に伝える。

「そうすると、当然、その中止になった工事の内容を調べなければ……その工事はどこから受注したんだい?」

「大手ゼネコンからです」

山口調査官が間髪入れずに答える。

「それじゃあ、その大手ゼネコンからの資料を調べれば、工事内容がわかるだろう」

渕崎統括官は壁に掛かっている時計を見る。時計の針は、すでに七時を回っている。

「もう遅いから、明日にしないか?」

渕崎統括官は、机の上で資料を整理している田村上席調査官に声をかける。

「はい、これを整理してから帰りますから、統括官は先にお帰りください」

田村上席調査官はコピーした資料を整理しながら答える。

立ち上がっていた渕崎統括官は、渋い顔をして、再び椅子に座る。

「この外注費も……おかしいですよね」

山口調査官は、外注先からの請求書のコピーを田村上席調査官に見せる。

「今まで、この会社で使ったことのない外注先なんですよ」

田村上席調査官は手を止めて、山口調査官の資料を見る。丸井工務店という外注先の名称とともに、外注費として三五〇〇万円が記載されている。

「経理の担当者によると、たしかこの工務店は、一年前に倒産しているとか」

山口調査官が説明する。

渕崎統括官は、内藤建設の税歴表を右手で持ちながら眺める。

「内藤建設って……相当利益が出ている会社だな」

渕崎統括官は、過去の売上と課税所得の推移を見ながら言う。過去五年間の売上金額と課税所得の数字は、確実に右上がりになっている。

「そうなんですよ……この会社はけっこう儲かっているんです。だから何らかの利益操作をしているのではと思うのですが……もっとも、社長は人手不足で人件費が高騰しているとか、鋼材、セメントなどの建設資材のコストアップで、それほど儲かってはいないとしきりに説明していましたけど」

田村上席調査官は少しうわずった声で、渕崎統括官に答える。

「他に、何か見つけたものは？」

渕崎統括官は、留置きによって預かってきた書類を整理している山口調査官に尋ねる。

「ええ、印紙の貼っていない契約書を見つけました。もっともこれは会社と社長の間の金銭消費貸借契約書なんですが、それぞれ二通作成していて、一通は印紙が貼ってあるのですが、もう一通は貼っていなかったんです。これって、わざわざ二通も作らずに、印紙の貼ってある契約書をコピーすれば良かったのに」

山口調査官は苦笑いしながら答える。

「そう。印紙税は文書課税だからね」

渕崎統括官はそう呟きながら、再び壁時計をチラッと見る。時計の針は、七時半を過ぎたところを指している。

田村上席調査官の机上はようやくきれいに整理され、山口調査官も整理された留置きの書類をキャビネットに入れている。

渕崎統括官はその様子を見ながら立ち上がった。

「じゃあ、そろそろ帰ろうか。よかったら、近くの居酒屋で……」

渕崎統括官は笑いながら田村上席調査官と山口調査官を誘う。

「そうですね、お腹も減っているし。まだ統括官に話すべき調査の報告も残っていますから、飲みながら話しましょうか」

田村上席調査官は鞄を持って、すでに立ち上がっている山口調査官の肩をたたきながら、渕崎統括官に大きく頷いた。

【解説】

❖ 税歴表

税歴表には、納税者の過去の申告データおよび税務調査などの納税者の情報が記録されている。また、納税者の資料情報等も税歴表に集められ、税務調査に際して活用される。納税者から提出された新しい決算情報等も規則的に税歴表に書き加えられ、税務調査では、それらの資料をベースに調査計画が立てられる。

税歴表の体裁は、B4サイズの厚手の紙を二つ折りにして、各課税部門がそれぞれ管理している。業種区分は税歴表の色で管理され、赤色＝貿易業、茶色＝建設業、緑色＝卸売業、水色＝小売業、白色＝金融業、となっている。

法人の税歴表では、次の事項が記録されている。

① **決算書、申告書**
主要な勘定科目、申告所得の金額など過去一〇年くらいの数値が記録されている。

② **過去の調査記録**
過去一〇年くらいの税務調査事績 → 否認事項、追徴税額、重加算税、異議申立の有無等が記録されている。

③ **会社の総合判定評価**
優良申告法人・準優良申告法人・周期対象除外法人・循環接触法人・継続管理法人の区分がなされている。

④ その他

決算期、資本金、営業種目、主要株主、従業員数、株式の移動等が記録されている。その他に支店、営業所の概況、会社の組織、特徴、同族会社の役員の個人的な情報（家族構成、他の所得等）が記録されている。

Chapter **17**

建設会社の税務調査（2）

「そうか」

渕崎統括官は田村上席調査官の報告を静かに聞いている。

内藤建設の実施調査は、田村上席調査官と山口調査官の二人で、三日間行われた。

小さなテーブルに、田村上席調査官と山口調査官は、渕崎統括官と向かい合って座っている。テーブルの上には、田村上席調査官が作成した「検討事項一覧表」がある。

渕崎統括官はその検討事項一覧表を見ながら質問を続ける。

「例の……大手ゼネコンからの請負工事について、否認するのは無理なのか？」

渕崎統括官は田村上席調査官の顔を見つめる。

「ええ、工事は途中で終わっているのですが……その経緯を明らかにする資料が会社にないので、ゼネコンに反面調査しようかどうか迷っているのです。でも工事担当者に聞くと、どうやら本当に中止になったようで。そこで、これ以上時間をかけるのもなんだと思って、そのままで……ただ、預かっている二億円については、ゼネコンに返すか否かを確認しなければ」

田村上席調査官が説明を続ける。

「結局この件については、増差所得につながらないのではということで、この検討事項一覧表には載せていません」

渕崎統括官は小さく頷く。

「ところで、倒産した外注先はどうなった？　この一覧表には載っていないが」

田村上席調査官の横に座っている山口調査官が答える。

「ええ。外注先の所轄の税務署に問い合わせたところ、会社は実際に存在していたのですが、昨年から無申告の状態で。今はその所在地には誰もいないということで」

山口調査官は申し訳なさそうに説明する。

「しかしその他の外注費の中に、個人で、実質、従業員と同様の待遇で働いている者が三人いまして、これらの者に支払っている外注費を給与として課税することを考えています」

そう言いながら山口調査官は、検討事項一覧表に記載されている数値を指差した。

検討事項一覧表の上段には、三期の事業年度が並び、その下に消費税の数値がそれぞれ示され、三期の合計額として二八六六万五六〇〇円が記載されている。

「給与として課税すれば、消費税では課税仕入れにならないということだね……もちろん、源泉所得税も徴収することになる」

渕崎統括官は、山口調査官の顔を見ながら付け加える。

「ええ、そうなんですが……」

山口調査官は歯切れの悪い返事をする。

「何かこの処理について、会社のほうでは納得していないのかい？」

渕崎統括官が尋ねる。

「会社は、雇用関係のある従業員ではなく、あくまでも外注先であると……工事を請け負うとき、工事現場で働く者は自社の従業員でなければならない、そうでなければ、その現場で働けないということになっていまして」

「そうか……ところで、その外注先である個人の確定申告はどうなっているの？」

渕崎統括官は質問を続ける。

「所轄の税務署にそれぞれ問い合わせたところ、三人とも確定申告はしているのですが、そのうち一人は事業所得として申告せず、給与所得として申告しているのです」

「給与所得？」

渕崎統括官はもう一度尋ねる。

「ええ、しかし、たぶん……本人は何も考えずに申告しているのかもしれません。もちろん会社から本人に対して、給与所得の源泉徴収票は発行していません」

「そうか、それじゃあ否認は難しいな」

渕崎統括官の表情は険しくなる。

「あの……監査役の賞与なんですけど」

山口調査官は、渕崎統括官に五〇万円と記載されている数値を指差す。

「これは監査役に対して三期で各五〇万円の賞与を出しているのですけど、会社は損金算入にしていたので、間違いなく否認できると思います」

山口調査官の声が大きくなる。

「会社は、なんで監査役の賞与を損金算入していたの?」

渕崎統括官が尋ねる。

「会社は単に従業員に名前を借りただけだと……しかし法律上、監査役になっているのですから、これは損金不算入として処理せざるをえないですね」

山口調査官は、渕崎統括官に対して自信のある声で答える。

「そうだなあ」

渕崎統括官は腕を組んでいる。

「そのほかは?」

田村上席調査官は検討事項一覧表に記載されている数値の説明をする。

「あとは弁護士に支払った報酬一〇〇万円の源泉徴収漏れ、金銭消費貸借契約書の印紙の貼り忘れ五万円、それと、期末に貯蔵品三五〇万円の計上漏れが……」

「貯蔵品の計上漏れ?」

渕崎統括官はしばしの間、思案顔になる。

「それについては、とりあえず、会社から計上漏れがあったという確認書をもらっておいたほうがいいだろう。証拠力としてはあまり意味はないが……しかし、相手方に一筆『漏れがあった』と書かせると、心理的に後で反対のことは言い難いだろう」

渕崎統括官は自分を納得させるように、田村上席調査官に伝える。

「これを会社に示して、最終の増差所得がいくらになるのかわかりませんが、とにかく会社から修正申告書を提出してもらうようにします」

田村上席調査官は検討事項一覧表を見ながら渕崎統括官に言う。

「そうだな。会社にこれを見せて、納得させて、修正申告書を提出してもらったらいいだろう。その意味では、君の説得力が増差所得金額を決めることになるね」

渕崎統括官はそう言って笑った。

「はい……しかし、修正申告書を提出してもらっても、納税者に対しては更正の請求ができる旨をわざわざ伝えなければなりません」

田村上席調査官が不満そうに言う。

「新しい国税通則法七四条の一一の三項では、ご丁寧に、その説明と書面の交付を要求しているからね。それは仕方がない」

渕崎統括官の言葉に、田村上席調査官は苦笑いを浮かべた。

図17-1　検討事項一覧表（サンプル）

検 討 事 項 一 覧 表

法人名	

No.	損益勘定	資産科目	事業年度 年 月期		年 月期		年 月期		合計		内 容
1			内		内		内		内	0	
			消		消		消		消	0	
			内		内		内		内	0	
										0	
2			内		内		内		内	0	
			消		消		消		消	0	
			内		内		内		内	0	
										0	
3			内		内		内		内	0	
			消		消		消		消	0	
			内		内		内		内	0	
										0	
			内		内		内		内	0	
			消		消		消		消	0	
			内		内		内		内	0	
										0	
			内		内		内		内	0	
			消		消		消		消	0	
			内		内		内		内	0	
										0	
合 計			内	0	内	0	内	0	内	0	
			消	0	消	0	消	0	消	0	
			内	0	内	0	内	0	内	0	
				0		0		0		0	

【解説】

❖ 検討事項一覧表

実地調査が終わると、税務署は納税者に対して、調査結果の説明（国税通則法七四の一一②）をしなければならない。具体的には、更正決定等をすべきと認めた額およびその理由である。その説明に際して、税務署は「検討事項一覧表」を作成し、納税者に説明することになる［図17-1］。検討すべき項目を番号順に示し、勘定科目（損益勘定・資産科目）を示し、その該当する事業年度分を記載する。また、該当する箇所に金額を記し、右側の「内容」には検討した事項を具体的に記載する。この検討事項一覧表は納税者に渡され、納税者はそれを持ち帰って、内容を検討することができる。

❖ 確認書（意見聴取書）

税務調査の最終段階で、しばしば課税庁は「意見聴取書」を作成することがある。事実関係を明記し、それに納税者の同意を求め、署名押印を求める。たとえば、棚卸資産で漏れがあった場合、その原因等を記載して納税者に確認し、異論がなければ署名押印を求める。意見聴取書の訴訟における法的な効果（位置付け）は絶対的なものではないが、納税者に対してある程度、心理的な牽制になるとともに、課税庁内部において上層部の決裁を受けるときに有効に作用すると言われている。すなわち、意見聴取書に記載されているという事実を前提として税務処理が行われているという内部での評価が得られやすいからである。

特に、重加算税の賦課決定を行う場合、「隠ぺい仮装」という事実を認定するのは難しい（したがって、当該処分の「理由附記」を記載するのは困難）のであるが、意見聴取書に「隠ぺい仮装」の事実を記載して、納税者に認めさせると、内部で重加算税をする決済は受けやすくなるであろう。

❖ 外注費と給与の消費税

消費税の納付税額は、課税期間中の課税売上高（税抜き）に一〇〇分の六・三を掛けた金額から課税仕入高（税込み）に一〇五分の六・三を掛けた金額を差し引いて計算する。課税仕入高に一〇八分の六・三を掛けた額を差し引くことを仕入税額の控除と言う。

課税仕入れとは、事業のために他の者から資産の購入や借り受けを行うこと、または役務の提供を受けるこ

表17-1　「外注費」と「給与」の課税等の取扱いの相違

	外注費	給　与
仕入税額控除の対象	○	×
消費税の取引区分	課税取引	不課税取引
源泉所得税の対象	×（所得税法204①除く）	○
受給者の所得区分	事業所得又は雑所得	給与所得
定　義	事業とは、自己の計算において営利を目的として対価を得て継続的に行うこと（最高裁昭和56年４月24日判決）	給与所得とは、雇用又はこれに類する原因に基づき非独立的に提供される労務の対価として受ける報酬等（東京高裁昭和47年９月14日判決）
社会保険の加入義務	×	○

とをいう。ただし、非課税となる取引や給与等の支払は含まれない。

課税仕入れとなる取引には、次のようなものがある。

① 商品などの棚卸資産の購入
② 原材料等の購入
③ 機械や建物等のほか、車両や器具備品等の事業用資産の購入または賃借
④ 広告宣伝費、厚生費、接待交際費、通信費、水道光熱費などの支払
⑤ 事務用品、消耗品、新聞図書などの購入
⑥ 修繕費
⑦ 外注費

なお、給与等の支払いは課税仕入れとならないが、加工賃や人材派遣料のように事業者が行う労働やサービスの提供の対価には消費税が課税される。したがって、加工賃や人材派遣料、警備や清掃などを外部に委託している場合の委託料などは課税仕入れとなる。

ここで、「外注費」と「給与」の課税等の取扱いの相違を〔表17-1〕に示す。

Chapter **18**

源泉徴収に係る所得税の調査（1）

「田村上席。納税義務者の中には、源泉徴収義務者は含まれるのですか?」

山口調査官が田村上席調査官に尋ねる。

「源泉徴収義務者?」

田村上席調査官は首を傾げる。

「源泉徴収制度における徴収義務者のことなんですけど」

山口調査官が言い換える。

しばらく考えてから、田村上席調査官は、机の上の罫紙に図を描き始めた（[源泉徴収制度の関係図]）。

「まあ、源泉徴収制度というのは、こんな関係なんだろうな」

田村上席調査官は少し満足そうな表情で、自分の描いた図を見直しながら説明を始めた。

「つまり、国と本来の納税義務者である受給者との間には、国と支給者との関係（公法関係）とか支給者と受給者との関係（私法関係）のような特別な関係はないことになる」

源泉徴収制度の関係図

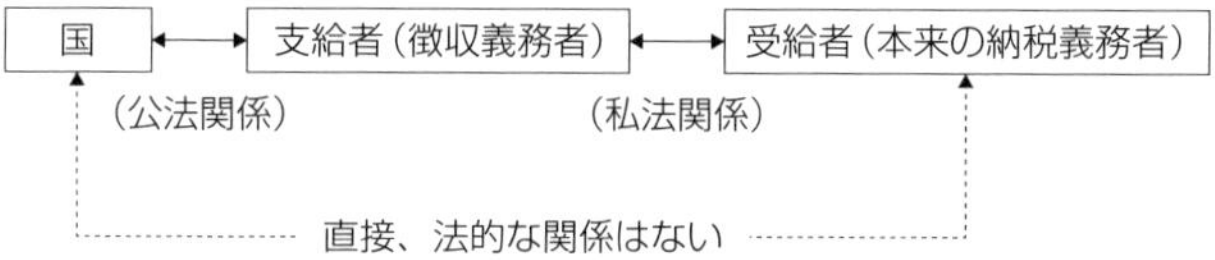

田村上席調査官は力を込めて言う。

「ということは、国と本来の納税義務者である受給者とは、何の関係もないということですから、税務調査はできないことになるのですか？」

山口調査官は首を傾げながら尋ねる。

「いや、そうではないだろう。国税通則法七四条の二第一項一号イで、『所得税法の規定による所得税の納税義務のある者』となっている。だからサラリーマン、つまり給与所得者も所得税の納税義務のある者に該当するから、課税庁は、税務調査をすることは当然できる。もっとも国は、支給者と直接的（公法）な関係があるのだから、支給者を通じて受給者に確認をしてもらうというケースが多いと思われるが」

田村上席調査官が答える。

「そうすると……国と公法関係にある支給者に対しても税務調査ができることになるから、この場合に、源泉徴収義務者は質問検査権（国税通則法七四条の二）に規定する『所得税法の規定による所得税の納税義務のある者』に含まれると解することになるのですか？」

「そう解釈することになるんだろうな」

田村上席調査官は頷く。

「源泉徴収に係る所得税の調査について、国税庁の通達では次のように記載している」

田村上席調査官はそう言って、「国税通則法第七章の二（国税の調査）関係通達の制定について」の三－一（二）を読み上げた。


……源泉徴収に係る所得税の納税義務とそれ以外の所得税の納税義務は別個に成立するものであるから、源泉徴収に係る所得税の調査については、それ以外の所得税の調査とは別の調査として、法第七四条の九から法第七四条の一一までの各条の規定が適用されることに留意する……


「源泉徴収に係る所得税の調査は、それ自体、独立した税務調査ということになるのですね」

「通達で、そう明示されているね」

田村上席調査官は言葉を続ける。

「ただ……私自身は、源泉徴収制度に対する最高裁の考え方について、賛成していないんだ……」

「最高裁は源泉徴収制度についてどのような判断をしているのですか？」

山口調査官が尋ねる。

「最高裁の平成四年二月一八日の判決は、次のように述べている……」

田村上席調査官はまた読み上げる。

源泉徴収制度の関係図・改

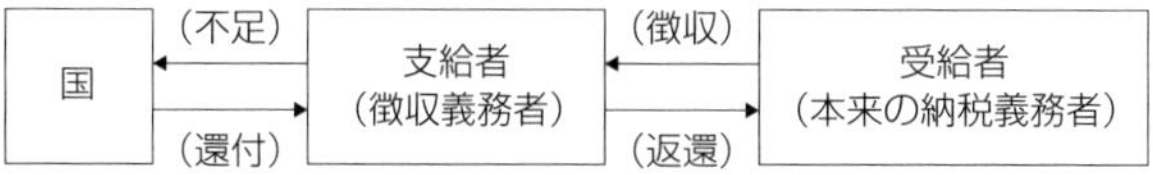

> ……所得税法上、源泉徴収による所得税について徴収・納付の義務を負う者は源泉徴収の対象となるべき所得の支払者とされ……その納税義務は、当該所得の受給者に係る申告所得税の納税義務とは別個のものとして成立、確定し、これと並存するものであり、そして、源泉所得税の徴収・納付に不足がある場合には、不足分について、税務署長は源泉徴収義務者たる支払者から徴収し、支払者は源泉納税義務者たる受給者に対して求償すべきものとされており、また、源泉所得税の徴収・納付に誤りがある場合には、支払者は国に対し当該誤納金の還付を請求することができ、他方、受給者は、何ら特別の手続を経ることを要せず直ちに支払者に対し、本来の債務の一部不履行を理由として、誤って徴収された金額の支払を直接に請求することができるのである……

田村上席調査官が読み上げる判決文を聞きながら、山口調査官は大きく頷く。

「つまり国と徴収義務者との関係では、公法関係にもとづいて源泉所得税の徴収・納付の是正がなされるが、受給者である本来の納税義務は分断されているから、受給者は是正を国に対して直接求められない……と最高裁は考えているのですね」

田村上席調査官は「そう、そう」と言いながら頷く。

「この図のような関係なのだから、国と受給者の間では、何ら直接的な関係はない」

田村上席調査官は、先ほどの図を一部修正して、山口調査官に見せた（[源泉徴収制度の関係図・改]）。

「私はね、受給者も国に対して、自分の源泉所得税等に誤りがあった場合、自ら還付を求めることができるようにしたらいいと思っている」

「しかし、そうすると国は支給者と受給者の二人を相手にしなければならないので、かえって複雑な法律関係が生じるのでは……」

山口調査官が呟く。

「確かにそうだが、元々源泉徴収制度は課税庁の（徴税上の）便宜のために設けられたもので、受給者は本来の自分の税負担に対して直接国に請求できる制度を設けるべきだと思うんだ」

田村上席調査官は少し強い口調で山口調査官に言った。

【解説】

❖ 源泉徴収制度

源泉徴収とは、給与・報酬などの支払者（源泉徴収義務者）が、給与・報酬などを支払う際にそれから所得税などを差し引いて国などに納付する制度である【図18-1】。この制度は、歳入確保および歳入の平準化ならびに納税義務者の便宜という点で優れた制度であると言われている。源泉徴収の対象となる所得は、利子所得、

図18－1　源泉徴収制度

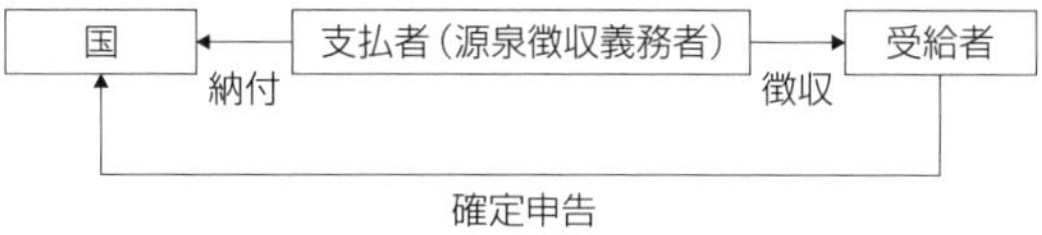

配当所得、給与所得、退職所得、ならびに事業所得、一時所得または雑所得となる報酬・料金等である。わが国では、戦費を効率的に集める目的でナチス・ドイツの制度にならい、一九四〇年四月一日に給与への源泉徴収が始まった。

この源泉徴収制度の特徴は、支払者と国との法律関係は生じるが、受給者と国との法律関係は生じないということである。

したがって、支払者が源泉徴収の計算を誤ったとしても、その誤りを受給者は確定申告で是正できないということになる。

最高裁（平成四年二月一八日判決）は、次のように述べている。

「給与等の受給者である上告人らが、支払者により誤って所得税の源泉徴収をされたため、当該年分の所得税の額から右誤徴収額を控除して確定申告をしたところ、被上告人税務署長らが更正処分等をしたため、右更正処分等の取消しを求めた事案で、申告により納付すべき税額の計算に当たり、源泉徴収額の徴収・納付における過不足の清算を行うことは、所得税法上の予定するところではなく、そのように解しても受給者の権利救済上支障は生じない。」

Chapter **19**

源泉徴収に係る所得税の調査（2）

山口調査官は困った表情を浮かべながら、田村上席調査官に声をかけた。

「すみません、田村上席。ちょっと教えてもらえませんか」

いつもより丁寧な言葉遣いである。

山口調査官の隣にいる田村上席調査官は、調査報告書を書いている。

「どんなこと？」

田村上席調査官は書くのを止めて、山口調査官の顔を見た。

「あの……今、調査に行っている株式会社森本デザインのことなんですが。この会社の支払報酬の中にデザイン料があったんです」

山口調査官は、調査で使用するメモ用紙を見ながら話している。

「去年の三月二五日に五〇万円と、七月一〇日に三〇万円を、田中という人にデザイン料として支払っているのですが」

山口調査官はメモ用紙をめくりながら、言葉を続ける。

「ところが森本デザインでは、この報酬に対して源泉徴収をしていないのです」

話を聞いていた田村上席調査官は、傍らにある税務六法を手に取った。

「たしかそれは……所得税法二〇四条一項一号の『デザインの報酬』に該当するものだね」

田村上席調査官は確認する。

「ええ、そうです。それで、その支給を受け取った田中さんという方、個人事業者なんです」

山口調査官は、田村上席調査官に応じる。

「デザイン料の支払先が個人であれば、当然、支払者である森本デザインには源泉徴収の義務があるのだから、こちらで告知処分をすればいいのではないかな」

田村上席調査官は無造作に答える。

「確かにそうなんですけど……」

山口調査官は、また困った表情をする。

「このデザインの報酬について受け取った田中さんに確認すると、今年の確定申告で税金をすでに支払ったと言っているんです」

「確定申告で税金を支払った?」

田村上席調査官は聞き返す。

「そんなことはできないだろう!」

田村上席調査官の声が大きくなった。

デザイン報酬の源泉徴収の関係図

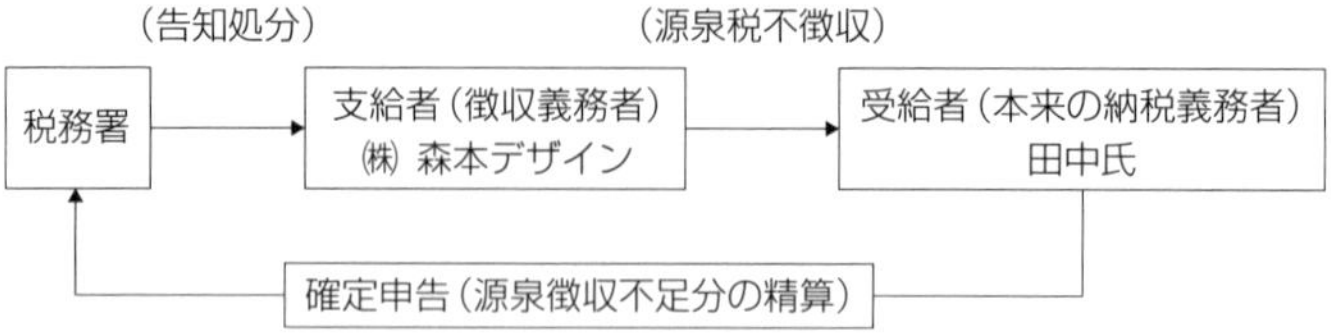

再び田村上席調査官は税務六法をめくり、該当する条文を山口調査官に見せながら話をする。

「所得税法一二〇条の……一項五号に、『源泉徴収をされた又はされるべき所得税の額がある場合には、第三号に掲げる所得税の額からその源泉徴収税額を控除した金額……』となっているだろう」

田村上席調査官は山口調査官に対して淀みなく説明を続けた。

「つまりこの『源泉徴収をされた又はされるべき所得税の額』は、所得税法の源泉徴収の規定にもとづいて正当に徴収された、またはされるべき所得税の額を意味するもので、もともと所得税法はその所得の受給者が行う確定申告の際に源泉所得税自体の過不足額の精算を行うことは予定していないのだから……」

「ということは、田中さんは確定申告において、デザイン報酬に対して税金を支払ったとしても、源泉徴収されなかった税金について源泉徴収義務者は支払わなければならないということですね」

山口調査官はペンをとって、罫紙に図を描いた（［デザイン報酬の源泉徴収の関係図］）。

「そうすると、税務署がデザイン報酬の源泉税に対して告知処分をすると、税務署（国）に二重の税金が入ってくることになりますね……これはどのように対処したらいいのですか？」

山口調査官は自分の描いた図を見ながら質問する。

「同じことを繰り返すようだが、所得税の確定申告を行う者に対して、本来されるべき所得税の源泉徴収がされていない場合、またはその税額に不足がある場合であっても、その確定申告の際に源泉徴収漏れの税額が同人から直接徴収されることはない。だから、元々受給者である田中という人が間違った確定申告をしているのだから、税務署としては、その間違った確定申告によって本来なされるべき告知処分ができないということはない」

田村上席調査官は自信を持って答える。

「すなわち、田中さんがした確定申告については無視すればよいということですね。源泉徴収漏れに対する告知処分をするときには」

田村上席調査官は山口調査官の言葉に大きく頷く。

「元々、所得税法二二一条において、徴収義務者（このケースでは森本デザイン）がその所得税を納付しなかったときは、税務署長がその所得税をその者から徴収することを規定し、さらに同法二二二条では、同法二二一条の規定により徴収義務者が税務署長から徴収された所得税の額の全部または一部につき源泉徴収していなかった場合には、その徴収をされるべき者（このケースでは田中さん）に対して、その所得税の額に相当する金額の支払いを請求することができることになっている。そして国税通則法三六条は、源泉徴収による国税でその法定納期限までに納付されなかったものを徴収しようとするときは、税務署長は納付すべき税額、納期限および納付場所を記載した『納税告知書』を送達して、納税の告知をしなければならないと書かれている」

田村上席調査官は、税務六法の該当条文をひとつひとつ確認しながら説明していく。

山口調査官は静かに聞いている。

「それと、ついでに言うと、源泉所得税の納税義務は源泉徴収をすべきものとされている所得の支払いの時に成立し、その成立と同時に特別の手続を要しないで納付すべき税額が確定するものなんだ」

田村上席調査官が国税通則法一五条を山口調査官に見せる。

山口調査官はその条文を見つめながら頷く。

「租税法律主義の中にある『合法性の原則』というのを知っているだろう。われわれ税務職員は、法律で定められたとおりの税額を徴収する義務があるのだから」

田村上席調査官は笑みを浮かべながら、山口調査官の顔を見た。

山口調査官は、まだ疑問があるような表情を浮かべている。

【解説】

❖ デザインの報酬と源泉所得税

① 次のデザインの報酬

(1)　工業デザイン
自動車、オートバイ、テレビジョン受像機、工作機械、カメラ、家具等のデザインおよび織物に関するデザイン
(2)　クラフトデザイン
茶わん、灰皿、テーブルマットのようないわゆる雑貨のデザイン
(3)　グラフィックデザイン
広告、ポスター、包装紙等のデザイン
(4)　パッケージデザイン
化粧品、薬品、食料品等の容器のデザイン
(5)　広告デザイン
ネオンサイン、イルミネーション、広告塔等のデザイン
(6)　インテリアデザイン
航空機、列車、船舶の客室等の内部装飾、その他の室内装飾
(7)　ディスプレイ
ショーウィンドー、陳列棚、商品展示会場等の展示装飾
(8)　服飾デザイン
衣服、装身具等のデザイン
(9)　ゴルフ場、庭園、遊園地等のデザイン

② 映画関係の原画料、線画料またはタイトル料
③ テレビジョン放送のパターン製作料
④ 標章の懸賞の入賞金（上記の報酬・料金の額×一〇％）

＊ ただし、同一人に対し一回に支払われる金額が一〇〇万円を超える場合には、その超える部分については、二〇％になる。

次に掲げるものは、デザインの報酬に該当しない。

① 織物業者が支払ういわゆる意匠料（図案を基に織原版を作成するのに必要な下画の写調料）または紋切料（下画を基にする織原版の作成料）
② 字または絵等の看板書き料
③ ネオンサイン、広告塔、ショーウィンドー、陳列棚、商品展示会場または庭園等のデザインとその施工とを併せて請け負った者にその対価を一括して支払うような場合には、その対価の総額をデザインの報酬・料金と施工の対価とに区分し、デザインの報酬・料金について源泉徴収を行うが、そのデザインの報酬・料金の部分が極めて少額であると認められるときは、源泉徴収をしなくてもよい

❖ 合法性の原則

課税庁は、法律で定められたとおりの税額を徴収する義務を負い、課税要件が充足されている限り、租税の

図19－1　旧租税特別措置法69の4

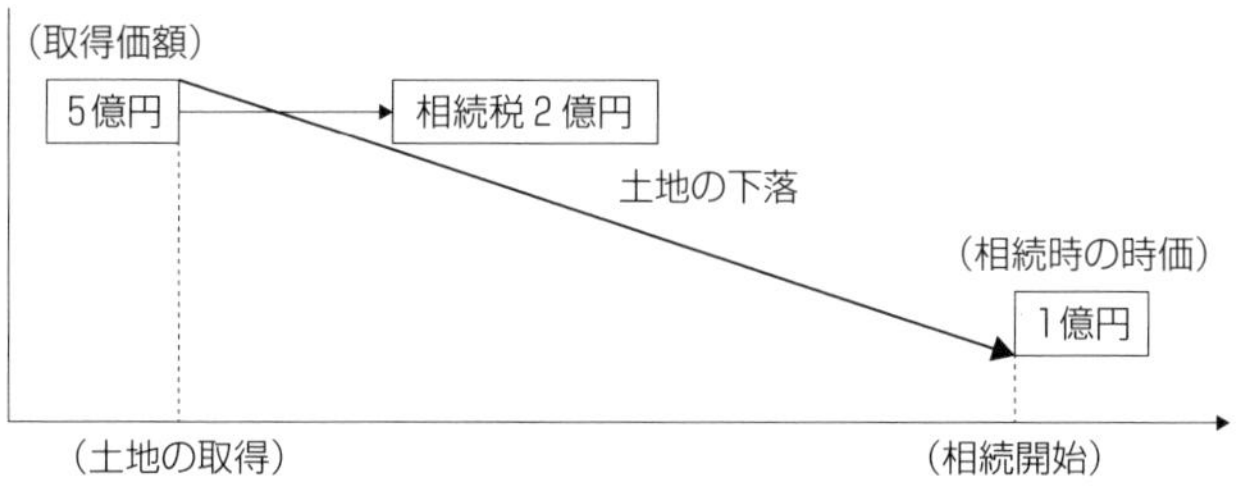

減免または不徴収などの裁量の余地はない。これを合法性の原則と言う。たとえば、大阪地裁平成七年一〇月一七日判決で、旧租税特別措置法六九の四を適用して、争われた事件がある。同条文は、相続開始前三年以内に取得した土地等または建物等については取得価額で評価するという規定であったが、バブルが崩壊し、土地の価額が下落したときに、相続税の申告に際して取得価額で土地等を評価すると、【図19－1】のように相続税額そのものが相続開始時の土地の時価を超えることがある。

しかし、法律が存在する限り、税務職員は同条を適用して課税を行わなければならないのである。当該大阪地裁では納税者が勝訴し、その後、同条は廃止された。大阪地裁の判決の要旨は、次のとおりである。

「土地の実勢価格が取得時に比べて相続時には半分以下に下落している場合に、租税特別措置法六九の四（相続開始前三年以内に取得した土地等又は建物等についての相続税の課税価格の計算の特例）の規定を適用して、相続財産につき取得価額をもって相続税を課税することとすると、納付すべき相続税額が相続時の相続財産の実勢価格を上回るという不合理な結果となり、憲法違反（財産権侵害）の疑いが極めて強いといわなければならず、仮にこの考え方が容れられないとしても、少なくともこの特例を適用することにより著しく不合理な結果を来すことが明らかな特別の事情がある場合にまでこれを適用することは法の予

定していないところというべきであるから、本件にこの特例を適用することはできず、その評価は、原則に
返って相続税法二二条に従いその時価によるべきこととなる。」

Chapter **20**

源泉徴収に係る所得税の調査（3）

「ということは……」

山口調査官は少し考えながら言葉を続けた。

「もし支給者である徴収義務者が受給者に対して源泉所得税を徴収しなかった場合でも、受給者は、本来支払うべき源泉所得税を確定申告から控除することができるんですね」

山口調査官は田村上席調査官の顔を見て確認する。

「そのとおりだよ」

田村上席調査官は大きく頷く。

「しかし、そうすると、もし支給者から源泉所得税を徴収できなくなったら、永久にその税金は国庫に入らないということですか？」

山口調査官はまたペンをとって図を描いた（［例］〝本来源泉所得税が100であるところ、誤って50を徴収した〟）。

〔例〕“本来源泉所得税が100であるところ、誤って50を徴収した”

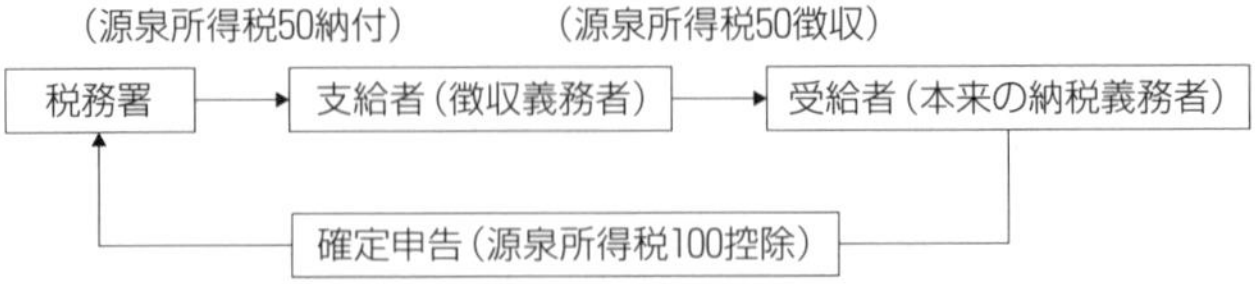

山口調査官は図を見ながら説明する。

「この図で説明すると、本来、国に源泉所得税が100入るところ、50しか入っていないという状態で、支給者が……たとえば倒産した場合、支給者である徴収義務者から源泉所得税50を徴収できなくなります。でも、この場合、税務署は受給者に対して、源泉所得税100の控除を拒否できないということなんですね」

田村上席調査官も図を見ながら頷く。

「そうだな。確かに、受給者の確定申告で控除する源泉所得税を100から50にすれば簡単に解決しそうな感じであるが……しかし、源泉所得税制度では、そのようになっていない」

田村上席調査官は、最高裁の判例（平成四年二月一八日判決）の一部を読み上げる。

……源泉所得税と申告所得税との各租税債務の間には同一性がなく、源泉所得税の納税に関しては、国と法律関係を有するのは支払者（支給者）のみで、受給者との間には直接の法律関係は生じない……

「しかし、支給者が源泉所得税を徴収・納付していないのに、受給者が確定申告においてその徴収・納付されていない源泉所得税を控除できるというのは、何となく不合理に思えるのですが」

山口調査官は不満そうに言う。

「そうだな……結局、このケースにおいては源泉所得税の50は国庫に入ってこないから、国の損失だな」

田村上席調査官が付け加える。

「受給者である本来の納税義務者が目の前にいながら、その受給者から受給者の本来の所得税を徴収できない。こんなおかしいことはないと思いませんか……国と受給者との間には『所得税』という債権債務関係が発生しているにもかかわらず、源泉徴収制度がそれを邪魔している」

山口調査官は悔しそうな表情をする。

「それに……」

山口調査官は机の引出からファイルを取り出す。

「これ、国税庁のホームページからプリントアウトした『最近一〇年間の動き（平成一一年七月～二一年六月）』ですけど」

山口調査官は言葉を続ける。

「ここで所得税の源泉徴収制度について、このように説明しています」

山口調査官はその文章を読み上げる。

……この確定申告により納付する所得税のいわば前取制度といえ、支払の際に徴収された源泉所得税は、原則として、確定申告により精算されるのである……


山口調査官は、読み上げた文章を田村上席調査官に見せる。

「源泉徴収制度がここでいう前取制度というものであれば、その税額が十分でなければ、確定申告で是正させるという考え方もありうると思うのですが」

「確かに、山口君の考え方もあると思う。しかし何度も繰り返すが、最高裁が述べているように、国税通則法や所得税法からは、国と受給者の間で源泉所得税の是正（精算）をすることはできないようになっていると解せられる。つまり、源泉所得税と申告所得税との各租税債務の間には同一性がないんだ。それぞれ別個の債権債務ということになる」

田村上席調査官は自分にも言い聞かせるように話をする。

「そうですか」

山口調査官は小さく頷く。

「ただ、山口君が指摘するケースというのはかなり多くあるのかもしれないな。その意味で、国はかなりの損失を被っているのかもしれない」

田村上席調査官は「国税庁統計年報書」を取り出して、源泉徴収税額の累年比較の欄の金額を見ながら説明する。

「平成二一年分の源泉徴収税額は一二兆五九二六億円で、そのうち八兆六二六九億円が給与所得分だね」

「けっこう大きい金額ですね」

山口調査官が感心する。

「いや、ピーク時には源泉徴収税額は二〇兆円を超えている……えっと、平成三年から五年だから、ちょうどバブル時期の終わり頃かな」

田村上席調査官がコメントする。

「源泉徴収税額が一二兆円であっても、源泉徴収の漏れが仮にその一%だとしたら、それだけで一二〇〇億円の源泉徴収漏れが発生する」

山口調査官は少し大袈裟そうに言う。

「一二〇〇億円か……たしか平成二五（二〇一三）年度の税制改正で創設された『国内設備投資を促進するための税制措置』によって、一〇五〇億円の税収が減少すると言われているが、それに匹敵する源泉徴収漏れになるということか」

「その金額って、大きいですよね。やっぱり、何らかの立法が必要なのでは……」

山口調査官は小さく呟いた。

【解説】

❖ 国税庁統計年報書

「国税庁統計年報書」は国税に関する基礎統計として、国税の申告、賦課、徴収およびこれらに関連する計数を提供し、併せて租税収入の見積り、税制改正および税務行政の運営等の基礎資料とすることを目的としている。この年報は、「第一回大蔵卿年報書」が明治九（一八七六）年に刊行されて以来、「主税局統計年報書」、「国税庁統計年報書」とその名称を変えて現在に至っている。

統計表としては、次の税目等がある。

① 直接税 ↓ 申告所得税、源泉所得税、法人税、相続税、贈与税

② 間接税 ↓ 消費税、酒税、間接諸税

③ 国税徴収・国税滞納・還付金

④ その他 ↓ 不服審査、訴訟事件、直接国税犯則事件（査察事件）、間接国税犯則事件、資料収集、税務相談、税理士、電子帳簿保存法にもとづく電磁的記録による保存等の承認状況

Chapter 21

印紙税の税務調査と「印紙税不納付事実申出書」

「『印紙税不納付事実申出書』って、いったい何なのですか?」

山口調査官は、いきなり大きな声で田村上席調査官に質問を投げかけた。

「印紙税不納付事実申出書? ああ……過怠税を一・一倍にするという書類だったな」

田村上席調査官は、興奮している山口調査官の顔を見ながら応じる。

「それがどうかした?」

山口調査官はまだ興奮が収まらない様子だ。

「……」

田村上席調査官は面白そうに、山口調査官の表情を眺める。

「昨日、四部門の神岡上席と一緒に調査へ行った浪速建設の件ですが」

浪速建設は神岡上席調査官の調査担当であったが、規模が大きく、法人課税第四部門の統括官が渕崎統括官の了解を得て、山口調査官を調査の応援に行かせたのだった。

「……それで？」

田村上席調査官が、話を続けるように山口調査官を促す。

「神岡上席から印紙税を調べてくれと言われたので会社の保管している契約書などを見ていたのですが、その中に、印紙の貼っていない契約書が何枚かありまして」

山口調査官は、昨日の税務調査の状況を思い浮かべながら喋る。

「それでどうなったの？」

田村上席調査官は再びせき立てる。

「私はてっきり、これらの印紙の貼っていない契約書については印紙税の三倍の過怠税を徴収するものだと思っていたのですが……」

山口調査官は手元にある税務六法を開き、印紙税法二〇条一項を読む。

> 第八条第一項の規定により印紙税を納付すべき課税文書の作成者が同項の規定により納付すべき印紙税を当該課税文書の作成の時までに納付しなかった場合には、当該印紙税の納税地の所轄税務署長は、当該課税文書の作成者から、当該納付しなかった印紙税の額とその二倍に相当する金額との合計額に相当する過怠税を徴収する。

「つまり、契約金額が四億円の請負契約書に八万円の印紙が貼られていなかったので、印紙税法二一

○条一項によって二四万円の過怠税を徴収するものかと思ったのですが」
山口調査官は、条文の文言どおりに、過怠税の算式を罫紙に書いた。

八万円＋八万円×二＝二四万円（過怠税）

「君の計算で正しいのでは？」

田村上席調査官は山口調査官の算式を見ながら同意する。

「しかし神岡上席は『貼るべき印紙の一・一倍の過怠税で良いから、納税者に印紙税不納付事実申出書を提出しなさい』と言ったんですよ」

山口調査官は少し怒った口調で話を続ける。

「そんなこと、可能なんですか？」

山口調査官は田村上席調査官を見る。

そして再び、開かれている税務六法から、今度は印紙税法二〇条二項を読む。

> 前項に規定する課税文書の作成者から当該課税文書に係る印紙税の納税地の所轄税務署長に対し、政令で定めるところにより、当該課税文書について印紙税を納付していない旨の申出があり、かつ、その申出が印紙税についての調査があったことにより当該申出に係る課税文書について国税通則法第三二条第

一項（賦課決定）の規定による前項の過怠税についての決定があるべきことを予知してされたものでないときは、当該課税文書に係る同項の過怠税の額は、同項の規定にかかわらず、当該納付しなかった印紙税の額と当該印紙税の額に一〇〇分の一〇の割合を乗じて計算した金額との合計額に相当する金額とする。

「この条文から『過怠税についての決定があるべきことを予知してされたものでないとき』と条件が付されているから、税務調査で印紙税の貼っていない契約書が見つかった場合には、この条文の適用の余地はないでしょう？」

山口調査官は強い口調で言う。

「まあ、確かに君の言うとおりなのだが……過怠税って、本来の印紙税の三倍に相当する金額になるだろう？　これってけっこう重いんだな、納税者にとって」

田村上席調査官は、子供を諭すようにゆっくりと説明する。

「だから税務調査で発見された印紙税の漏れについては、過怠税を軽減（印紙税の一・一倍）するために印紙税不納付事実申出書を提出させて、印紙税法二〇条二項を適用しているんだ」

田村上席調査官は不服そうな山口調査官の顔を見て、説明を続ける。

「私も今まで、印紙税の調査で三倍の過怠税を徴収した記憶はないよ。よほど悪質でない限り、だいたい印紙税の一・一倍を過怠税として徴収している」

「田村上席！　それって合法性の原則に反しますよね。たとえ納税者に有利になる処理であったとしても、われわれ税務職員は、法律に定められたとおりに課税・徴収をしなければならないでしょ」

「……確かにそのとおりだ。君の言うことは正しい」

田村上席調査官は頭を掻きながら苦笑いし、あっさりと脱帽する。

「ところで、印紙税について税理士は何か言ってたかい？」

田村上席調査官は山口調査官に尋ねる。

「会社の人は税理士と相談していたようですが……ただ、税理士法二条で、印紙税は税理士の業務から除かれていますから。神岡上席は税理士を無視して、会社の人に印紙税の件について説明をしていましたけど」

田村上席調査官は山口調査官の説明に大きく頷く。

「印紙税について、税理士は税務代理人になることはないのだから、それはそれで良いのだろう」

そして、田村上席調査官は「税務調査手続に関するＦＡＱ（税理士向け）」を広げる。

「このＦＡＱにも、印紙税の調査結果の内容説明等は納税者に対して行うことになると書かれているしね」

山口調査官はＦＡＱの冊子を覗きながら、まだ納得できない様子で頷いた。

図21－1　印紙税不納付事実申出書

（提出用）

CC2-3716-1

印紙税不納付事実申出書（初葉）

収受印

整理番号	

平成　年　月　日 税務署長殿	申出者（作成者）	（住　所）（〒　－　） （電話番号　－　－　） （氏名又は名称及び代表者氏名）　㊞	課税文書の作成場所	（所在地） （名　称）

下記のとおり印紙税法第20条第2項の規定による印紙税不納付の事実を申し出ます。

	課税文書 号別	課税文書 課税物件名	課税文書 名称	税率又は税額区分	数量	作成年月(日)	課されるべき印紙税額	不納付となった印紙税額	所持者の住所及び氏名又は名称	※過怠税	順号
不納付の事実											
										㊟	

不納付となった理由	□ 課税文書の一部に収入印紙の貼付漏れがあった。 □ 課税文書に該当しない（不課税文書）と判断していた。 □ 非課税規定の適用を誤っていた。 □ 課税文書の所属を誤っていた。 □ その他（余白に理由を記載してください。）	その他参考事項	

（注）1　課税文書の作成年月日の属する年度区分ごと（本会計年度分、前会計年度分及び前々会計年度以前分）に区分して、それぞれについて用紙を分けて記載してください。
2　不納付に係る課税文書の所持者が明らかでない場合には、「所持者の住所及び氏名又は名称」欄の記載を省略しても差し支えありません。
3　不納付に係る課税文書又はその写し若しくはひな型を添付してください。
4　不納付の事実の末尾に「数量」、「課されるべき印紙税額」及び「不納付となった印紙税額」の合計額を記載してください。
5　不納付となった理由欄は、該当する理由（複数ある場合は、主な理由）の□にレ点を記載してください。
6　※印欄には記載しないでください。

【解説】

❖印紙税不納付事実申出書

・概要　↓　印紙税を納付していない旨を申し出る場合の手続

・手続根拠　↓　印紙税法第二〇条第二項、印紙税法施行令第一九条第一項

・手続対象者　↓　印紙税を納付していない旨を申し出ようとする者

・提出時期　↓　印紙税を納付していない旨を申し出ようとするとき

・提出方法　↓　申出書［図21－1］を作成の上、提出先に持参又は送付

・添付書類・部数　↓　不納付に係る課税文書又はその写し若しくはひな型一部

❖ 過怠税

印紙税の納付は、通常、作成した課税文書に所定の額面の収入印紙を貼り付け、印章または署名で消印することによって行われる。

この印紙を貼り付ける方法によって印紙税を納付することとなる課税文書の作成者が、その納付すべき印紙税を課税文書の作成の時までに納付しなかった場合には、その納付しなかった印紙税の額とその二倍に相当する金額との合計額、すなわち当初に納付すべき印紙税の額の三倍に相当する過怠税が徴収されることになる。

納付すべき税額＋納付すべき税額×二＝過怠税（印紙税法二〇①）

ただし、調査を受ける前に、自主的に不納付を申し出たときは一・一倍に軽減される。

納付すべき税額×一・一＝過怠税（印紙税法二〇②）

また、「貼り付けた」印紙を所定の方法によって消印しなかった場合には、消印されていない印紙の額面に相当する金額の過怠税が徴収されることになる。

なお、過怠税は過少申告加算税、無申告加算税、重加算税および不納付加算税と同様に行政上の制裁であるから、その全額が法人税の損金や所得税の必要経費には算入されない。

❖印紙税と税理士の代理権限

税理士法二条は、「税理士は、他人の求めに応じ、租税（印紙税、登録免許税、関税、法定外普通税（地方税法（昭和二五年法律第二二六号）第一〇条の四第二項第三号に掲げる道府県法定外普通税及び市町村法定外普通税をいう。）、法定外目的税（同項に規定する法定外目的税をいう。）その他の政令で定めるものを除く。以下同じ。）に関し、次に掲げる事務を行うことを業とする……」と規定し、その業務として、①税務代理、②税務書類の作成、③税務相談が挙げられている。

税理士業務の対象としない租税としては、税理士法施行令一条で、次のように規定している。

「税理士法二条一項に規定する政令で定める租税は、印紙税、登録免許税、自動車重量税、電源開発促進税、関税、とん税、特別とん税及び狩猟税並びに法定外普通税（法二条一項に規定する法定外普通税をいい、地方税法（昭和二五年法律二二六号）一条二項において準用する同法四条三項若しくは五条三項の規定又は同法七三四条五項の規定によって課する普通税を含む。）及び法定外目的税（法二条一項に規定する法定外目的税をいい、地方税法一条二項において準用する同法四条六項若しくは五条七項の規定又は同法七三五条二項の規定によって課する目的税を含む。）とする。」

税理士法二条で、印紙税法等を除くとしているのは、行政書士の業務の範囲に関するものであるからである。すなわち、昭和五五（一九八〇）年の改正前は、税理士業務の対象となる租税は、所得税、法人税、相続税、贈与税、事業税、市町村民税、固定資産税または政令で定めるその他の租税と税理士法上「限定列挙」の形式がとられ、直接税もしくはそれに近い性格のものに限定されていた。そして、限定列挙されていない租税についての書類の作成業務は、行政書士の独占業務として規定されていた。

そこで、税の専門家である税理士にすべての税法の業務を担わせることを目的として、昭和五五年に税理士法が改正された。しかし、行政書士の既得権を一部認めることとしたため、税理士法五一条の二において、「行政書士又は行政書士法人は、それぞれ行政書士又は行政書士法人の名称を用いて、他人の求めに応じ、ゴルフ場利用税、自動車税、軽自動車税、自動車取得税、事業所税その他政令で定める租税に関し税務書類の作成を業として行うことができる」としている。

Column

退職した税務職員の再任用制度

「そうか……蔵本さんも今年で定年退職か……」

渕崎統括官が椅子にもたれながら『定期人事異動速報』を見ている。

蔵本は統括官で、この七月の人事異動で退職している。

職員はみんな昼食に出ているので、法人課税第三部門は渕崎統括官以外、誰もいない。

「最近は退職して税理士になったとしても仕事がないって聞くし、蔵本さん、どうするのかな」

渕崎統括官が呟く。

「統括官は食事終わりました?」

いつの間にか田村上席調査官が渕崎統括官の机の傍らに立っている。

食事の後らしく、爪楊枝をくわえている。

「いや、まだだが……ところで君は、蔵本さんを知っているよね?」

「くらもと?」

田村上席調査官は口から爪楊枝を外し、ゴミ箱にポイと捨てる。

「たしか蔵本さんは、君の前任署の上司じゃなかったか?」

「ああ、蔵本統括官ですか」

田村上席調査官は懐かしそうに蔵本の名を口にした。

「その蔵本統括官が、どうかしたのですか?」

渕崎統括官は、読んでいた『定期人事異動速報』を開いたまま田村上席調査官に見せた。

開かれたページには一三〇人以上の課長・統括官級の退職者の氏名が掲載されており、その中にある「蔵本明」という氏名に赤いチェックが付けられている。

「ああ、退職されたんですか……私はずいぶんいろいろなことを蔵本統括官に教わったんですが」

田村上席調査官は残念そうに、その名前を見つめる。

「でも、退職したら税理士になるんでしょうね」

田村上席調査官は、渕崎統括官に問いかける。

「いや、わからない」

渕崎統括官は首を傾げる。

「どうしてですか? 蔵本統括官はもちろん税理士の資格もすでに持っているでしょうし、税務職員は、退職したら税理士になるものだと思ってましたけど」

田村上席調査官は、渕崎統括官を責めるような口調で言う。

「しかし、税理士業界も不況業種だから……税理士になったからといって、すぐに食べていけるというものでもないだろう」

今度は田村上席調査官が首を傾げる。

「それじゃあ、あの……再任用制度を希望するということですか?」

田村上席調査官がポツリと言う。

「それも選択肢の一つかもな」

渕崎統括官は頷く。

「週四日勤務して給与は月額三〇万円くらいもらえるらしいし……もっとも賞与はもらえないから年収として三六〇万円ほどになる。しかし、これくらいもらえるなら、仕事の少ない税理士をやるより良いとも思うが」

渕崎統括官は椅子の背にもたれて天井を見上げる。

「ということは、渕崎統括官は退職したら再任用を希望するのですか?」

田村上席調査官は目を大きくして尋ねる。

「まあ、まだ決めてはいないが、再任用も悪くはない……」

渕崎統括官は自嘲気味に言う。

「そうなんですか。……ところで……統括官はあと何年で退職ですか?」

田村上席調査官は、おそるおそる尋ねる。

「あと、三年だな。まあ三年なんてあっという間だよ」

田村上席調査官は、薄くなっている渕崎統括官の頭頂部を見る。

「しかし、もし私が再任用されて、その配属先の上司が田村君だったら、その時はよろしく頼むよ」

渕崎統括官は笑いながら言う。

「そんな、ご冗談を……」

田村上席調査官は、頭を掻きながら顔を赤くする。

「いや、冗談じゃないさ。私が退職して再任用されると、もちろん統括官ではなく、一般の調査官になるし」

渕崎統括官は笑いながら話を続ける。

「何年か前に税理士から聞いた話だが、税務署から税務調査の連絡を受けた税理士が、その担当者の名前を『税務職員録』で調べると、『調査官』となっていた。だからその税理士は『三〇歳過ぎくらいの若い職員が税務調査に来ますよ』と納税者に伝えていたところ、当日税務調査に来た職員はずいぶん老けていて大変驚いたと……」

田村上席調査官も苦笑いする。

「田村君は私が退職する頃には統括官になっているだろうから、私が部下になる可能性は十分にありうる。でも……できれば税務調査ではなくて、内勤をしたいがね」

「税務調査は嫌ですか？」

「うーん……やっぱり税務調査は精神的に疲れるから……定年でいったん退職すると、むしろ申告書の受付のような、あまり気を遣わない内勤がいいよ」

渕崎統括官は笑いながら言う。

「そうですか……でも、統括官のように税務調査に関する豊富な知識と経験を使わないなんて、少しもったいない感じがしますね」

田村上席調査官は真剣な顔で言う。

「そんなことはないさ。しかし、私も歳をとったせいもあるのだろうけど、今の若い職員を見ていると、覇気がないように見える」

渕崎統括官の力の込もった言葉に、田村上席調査官は大きく頷く。

「確かにそうですね……税務調査も、もちろん昔のように無茶な税務調査はできなくなって、これからは情報収集を中心としたスマートな調査手法を開発していかなければならないのだけれど、でも結局は人間が行うことですから、仕事に対する情熱……そう、やる気はやっぱり大切ですよね」

田村上席調査官は付け加える。

「老兵は去るべきなんだろうけど、まだ私なんか、若い税務職員に自分の知識や経験などを伝えたいと思っているから、再任用されて時間があれば、そんなこともやってみたい気持ちはある……」

「それは良いことですね。私が統括官になったら、ぜひ渕崎統括官、いや、渕崎調査官を私の法人課税部門でスカウトしますよ」

田村上席調査官がそう言うと、二人はお互いに顔を見合わせて大きく笑った。

Ⅲ 税務調査は変わったか

01 税務調査のトレンド——調査開始、調査実施中、調査終了——

はじめに

改正国税通則法下における税務調査は、課税庁側および納税者側の双方にさまざまな影響を及ぼしていると言われている。

法律で定められた税務調査における手続を課税庁が遵守しなければならないということから、課税庁は税務調査に多くの時間を費やし、また、十分な説明を納税者にしなければならないことになっている。

以下、「調査開始」「調査実施中」および「調査終了」の各段階での改正後の税務調査のトレンドを従前と比較しながら、検討することとする。

調査開始

税務調査を行う場合、調査対象者に税務調査を行うことを原則として通知しなければならない。この通知は、納税者と税務代理人である税理士等に直接なされるが、その際に一一項目の「事前通知事項」を伝えなければ

図1　改正前の連絡

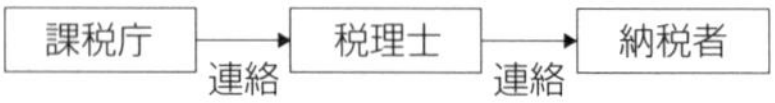

図2　改正後の連絡

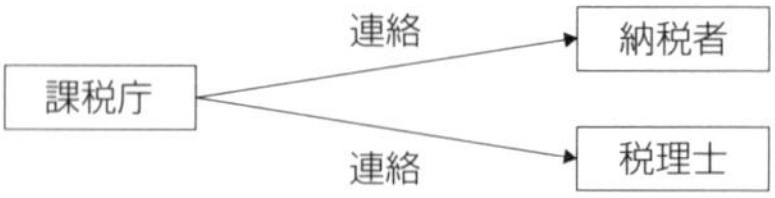

ならない。したがって、事前通知が法律で詳細に規定されたことにより、課税庁は機械的に同じ言葉を繰り返して、納税者と税理士にそれぞれ電話連絡することになる。このように、従来は、開始日時・場所などは法定化されていなかったため、課税庁は顧問の税理士に「税務調査を開始する日時」を伝え、その回答を税理士を通じて、納税者に確認するという簡単な方法をとっていたのである。すなわち、税理士は納税者と課税庁との窓口になっていたのである（図1、図2）。

　この事前通知の法定化は、課税庁にとって、煩雑なことになりつつある。改正前は税務代理人である税理士と口頭で税務調査の進め方を決めることができ、また、全面的に納税者との日時等の調整を依頼することができ、スピーディーに調査開始の連絡を行えたのであるが、これらの事項が法定化されることによって、形式的に、一一項目の「事前通知事項」を機械的に伝えなければならなくなった。このような課税庁に対する「足枷」がどれほど納税者の権利を保護するものなのかという疑問が湧かないわけではない。むしろ、従前のような事前連絡の方法をとったとしても、さほど納税者に不利益になるとも解せられない。このような形式的な、あたかも儀式のような「事前通知」は、合理的な税務調査を行う上で、ことさら必要ではないのではないかと思われる。

　この点に関しては、平成二六（二〇一四）年度の税制改正で「調査の事前通知の規定の整備」が行われ、平成二六年七月一日以後に行う事前通知から適用されることになった。

　すなわち、平成二六年度の税制改正で、国税通則法七四条の九に五項が追加され、「納税義務者について税務代理人がある場合において、当該納税義務者の同意がある場合として財務省令で定める場合に該当するときは、当該納税義務者への第一項の規定による通知は、当該税務代理人に対してすれば足りる」ことになった。すなわち、事前通知の連絡は、改正前の状態に戻ったのである（**図3**）。

図3　現在の状況

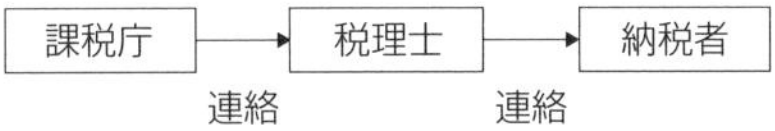

国税通則法の改正とともに、税理士法三四条も**図3**同様の内容で二項が追加され、「前項の場合において、同項に規定する申告書を提出した者の同意がある場合として財務省令で定める場合に該当するときは、当該申告書を提出した者への通知は、同項に規定する税理士に対してすれば足りる」と同様の内容の改正が行われた。

この改正によって、事前通知については、今後時間的に従前と同じレベルに改善することになるであろう。

次に、「事前通知を要しない場合」として、国税通則法七四条の一〇で、次のように規定している。

> 前条第一項の規定にかかわらず、税務署長等が調査の相手方である同条第三項第一号に掲げる納税義務者の申告若しくは過去の調査結果の内容又はその営む事業内容に関する情報その他国税庁等若しくは税関が保有する情報に鑑み、違法又は不当な行為を容易にし、正確な課税標準等又は税額等の把握を困難にするおそれその他国税に関する調査の適正な遂行に支障を及ぼすおそれがあると認める場合には、同条第一項の規定による通知を要しない。

すなわち、①納税義務者の申告、②過去の調査結果の内容、③その営む事業内容に関する情報その他国税庁等若しくは税関が保有する情報に鑑み、「調査の適正な遂行に支障を及ぼすおそれがあると認める場合」には、事前通知を省略することができることになっている。このように「事前通知の省略」が法定化されることによって、事前通知の省略される税務調査そのものが減少するとは考えられない。事前通知の省略の判断は課税庁が行うのであるが、上記のような規定であれば、従前と同様に税務職員の裁量の範囲内で、事前通知のない税務調査を行うことは可能である。

最高裁昭和四八年七月一〇日判決（荒川民商事件）は、「質問検査の範囲、程度、時期、場所等実定法上特段の規定のない実施の細目は、権限のある税務職員の合理的な選択に委ねられているものである」と述べているように、最高裁のこのような判断は、改正後も変更はないと思われる。

調査実施中

税務調査を行う法的な根拠である質問検査権に関する規定について、改正前は各税法にそれぞれ規定されていたのであるが、税制改正によって、これらの各規定を国税通則法に集約し、国税通則法において横断的に整備するとともに、税務職員は、税務調査において必要があるときは、納税義務者等に帳簿書類等の物件の提示または提出を求めることができる旨が法律で明確化された。このことによって、特に税務調査の内容について従前と変化はないものと思われる。

各税目の質問検査権の規定されている条文は、**表1**のとおりである。

表1　質問検査権に関する規定

条　文	質問検査権の範囲
国税通則法74条の2	1　所得税に関する調査 2　法人税に関する調査 3　消費税に関する調査（4を除く） 4　消費税に関する調査（税関の職員が行うもの）
国税通則法74条の3	1　相続税若しくは贈与税に関する調査又は相続税若しくは贈与税の徴収 2　地価税に関する調査
国税通則法74条の4	酒税に関する調査
国税通則法74条の5	1　たばこ税に関する調査 2　揮発油税又は地方揮発油税に関する調査 3　石油ガス税に関する調査 4　石油石炭税に関する調査 5　印紙税に関する調査
国税通則法74条の6	1　航空機燃料税に関する調査 2　電源開発促進税に関する調査

ただ、従前は帳簿書類の提示または提出や預かりについては法定化されていなかったが、質問検査権の一環として、帳簿書類を提示または預かることが法定化された。この法定化によって、具体的な税務調査に何らかの制約が生じることはないと思われる。税務調査の現場においても、この法定化によって帳簿書類を提示または預かることが困難になったという話は聞かない。「税務調査において提出された物件の留置き」については、改正前、議論が多くなされていたが、実際の税務調査ではあまり問題が生じていないようである。

また、改正後の税務調査では、課税庁が「供述書」を作成するケースが多くなっているようである。この供述書は、訴訟上の証拠能力としてはそれほど高くはないが、課税庁の内部での（調査結果の）決済等を受ける際に、「供述書」は有効であると言われている。たとえば重加算税は従来、賦課決定処分で、その理由附記の記載は要求されていなかったのであるが、改正後は不利益処分に対して理由附記が求められている。それゆえに、納税者

表２　争点整理表が作成される主なケース

①	隠ぺい仮装があり、重加算税を賦課決定する見込みの場合
②	増額更正や、無申告者への課税処分が見込まれる場合
③	納税者からの税の減額更正の請求に対して、認めない趣旨の通知をする場合
④	偽りその他の不正行為による脱税で、過去に遡って追徴課税する場合
⑤	税法上の解釈が複数あり、法令解釈が困難で、争いになる可能性のある場合
⑥	長期間の調査事案
⑦	重要審議会で検討する事案
⑧	その他

に「隠ぺい仮装」を認識させるために、課税庁はわざわざ「供述書（案）」を作成し、隠ぺい仮装を認める記述の文章を読ませ、納税者に「署名押印」を求めるのである。納税者が隠ぺい仮装を認めている供述書を決裁の段階で添付すると、重加算税の賦課決定処分は認められやすくなるという。その意味では、供述書は、調査の担当者にとって便利な道具なのかもしれない。

さらに、課税庁の内部においては、納税者と課税庁の間での争点を整理した、いわゆる「争点整理表」を作成することがある。この争点整理表によって納税者と課税庁の主張の相違を把握し、税務調査の方法等を検討することになる。従前と比較すると、改正後は、争点整理表を作成する事案が多くなったと言われている。これは税務調査が終了した段階で否認する事項について文書で説明することが法定化されたことによって、多くの場合、税務調査中に争点整理表を作成することによって、これらの説明が容易になるということから作成されることが多いと言われている。

争点整理表を作成することに、また時間が必要となってくる。さらには、争点整理をするためには、納税者の主張も十分に聞かなければならない。

なお、争点整理表が作成される主なケースとして、表2に掲げるものが予想される。税務調査中にこのような作業を行うことになるので、さらに調査の時間は増加することになる。このように税務調査に際して、法定化によっていろいろな作業時間を要し、全体的に税務調査の実施時間が少なくなる傾向にある。一件当たりの調査の実施時間が増加すると、結果的に、一人当たりの調査件数は少なくなってくる。現在、税務調査の件数は減少していると報道されているし、また国税庁の公表する税務調査の統計数値もそれを示している。

今後、一人当たりの調査件数が減少すると納税者との接触率が低下し、したがって、課税庁はこれに対する何らかの対策をとるものと思われる。

調査終了

税務調査が終わると、納税者の申告の是非について、課税庁は結論を示すことになる。申告に誤りがある場合は修正申告を求め、それが納税者から拒否されれば、更正処分等を行うことになる。また、調査の結果申告が是認されれば、「更正決定等をすべきと認められない旨の通知書」が納税者に送付される。これらのフローチャートは、図4のとおりである。

税務調査が終了してから、課税庁の結論が出る時間が（従前と比較すると）非常に長いと言われている。結果の説明を文書で行うという手続を求められていることもその一因と言われているが、内部での決裁に多くの時間を要することも遅延する原因であると思われる。

図4　調査終了のフローチャート

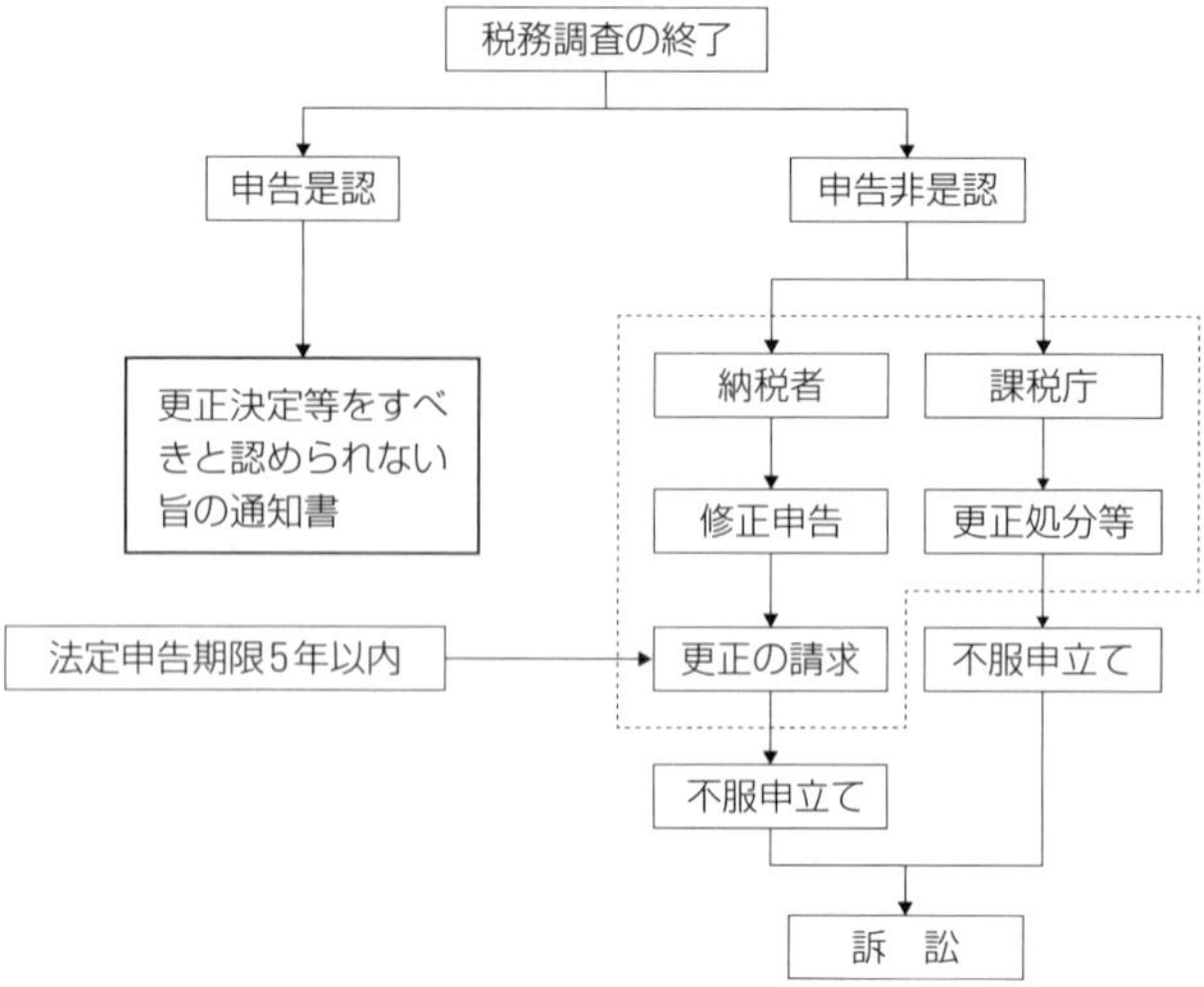

また「修正申告書」は、元々納税者の意思にもとづいて提出されるものであるが、しばしば納税者が修正申告書を提出しようとすると課税庁がその受理を留保することがある。すなわち、最終的に課税庁の内部において、上司に対して、修正すべき数値の決済を受けておかなければ納税者からの修正申告書は受理できないという仕組みになっているようである（内部の決裁と修正申告の数値が異なっていると困るということ）。時には課税庁が修正申告書の原案の作成をし、それを納税者に渡して、納税者がそれを写して修正申告書を作成することがある。改正国税通則法後において、このような不自然な現象が税務調査の現場でしばしば起きているのである。元々、修正申告は納税者の意思にもとづいて行われるものであるが、「修正申告の勧奨」（国税通則法七四の一一③）の規定では、課税庁は修正申告を勧奨することができることが定められ、その際には「不服申立て」をすることはできないが「更正の請求」はできることを説明するとともに、書面を交付することが要求されている。このように、修正申

表3　国税通則法74条の11（調査の終了の際の手続）

項	規定の内容	従前との比較
1	是認→「更正決定等をすべきと認められない旨」を書面により通知する。	従前は申告是認の場合、その旨を記載した書面を納税者に送付する場合もあったが、ほとんどの場合、調査官が口頭でその旨を伝えていた。
2	更正決定等をすべきと認めた場合→調査結果の内容（金額・その理由）を説明する。	従前も更正決定等をすべきと認めた場合、納税者に説明はしていたが、その内容は担当者によって区々で、説明のレベルが一定ではなかった。その意味では、改正後、一定の説明レベルが求められるようになった。
3	修正申告の勧奨→不服申立てはできないが、更正の請求ができる旨を説明し、書面交付する。	従前は納税者の意思で修正申告を提出するという前提であるから、納税者が修正申告を提出することに同意したら、ことさら不服申立等の説明は不要であった。
4	連結納税の場合、連結親・子法人の同意があれば、通知、説明、交付等は、連結親法人に行うことができる。	従前はこのような規定が法令化されていなかったので、弾力的に課税庁は行っていたものと思われる。
5	税務代理人がいる場合、1項から3項を省略して、税務代理人に通知等を行うことができる。	従前はこのような法律がなくとも、同一のことを課税庁は行ってきた。
6	調査後に非違が発見→再調査ができる。	従前も同様に、非違が発見された場合は、再調査を行っていた。

告の行為が課税庁の調査終了の際の手続にビルトインされることによって、結果として、修正申告の取扱いが更正処分等と同じようになっているということが窺える。

更正の請求は、法定申告期限から五年以内に限りすることができる（国税通則法二三）ことから、従前のように、納税者が修正申告書を提出すればそれで税額が確定するということにはならないのである。その意味では、課税庁は、更正処分等と同じものとして取扱っているのであろう。

仮に、納税者が修正申告をしても、その後「更正の請求」をし、それが認められなければ「不服申立て」、そして「訴訟」の道を辿ることになる。

したがって、課税庁にとっては修正

申告も更正処分等も違いはなく、同じだけの処理時間が求められることになる。その点は、改正前と大きく異なる点である。課税庁は、「調査の終了の際の手続」が法定化されたことによって、従来のように納税者の提出する修正申告にもとづいて決済を受けるという単純な処理ではなく、将来の訴訟をも念頭に置いて、その結論に至るまでに多くの時間が必要となったのである。

国税通則法七四条の一一（調査の終了の際の手続）の条文から、税務の現場でどのように従前と異なったかを**表3**で比較・検討する。

02 改正国税通則法施行後一年の検証

はじめに

平成二五(二〇一三)年一月一日から改正国税通則法が施行されたのであるが、法施行後における税務調査手続等を円滑かつ適切に実施する観点から、その施行前である平成二四(二〇一二)年一〇月一日から先行的取組により、事前通知、修正申告等の勧奨の際の教示文の交付手続等が実施された。このように、改正国税通則法にもとづく税務調査が実施されてすでに一年が経過したが、本章において、新しい国税通則法が税務調査の現場においてどのように税務当局や納税者に影響を及ぼしたのかについて、以下、検証することとする。

税務調査の実地件数に対する影響

国税庁の平成二四事務年度(平成二四年七月から二五年六月)の各税目の実地調査件数は、三割程度減少していると公表されている。すなわち、所得税の実地調査は六万九九七四件(前年九万八六八七件)で、前事務年度から三割減少している。この減少の要因としては、①一件当たりの調査日数増加(一件当たり一・三日増加)や、

②国税通則法の改正による研修や事務量の増加、が挙げられている。法人税の実地調査も前事務年度より二七・四％減少して、九万三〇〇〇件となっている。法人税の調査一件当たりの日数は、二・六日増加し一一・七日となっている。これらの減少原因は、国税通則法の改正による理由附記の範囲の拡大や法令遵守に係るチェック項目の増加による事務量の増加、改正国税通則法の研修などが挙げられている。また、相続税の実地調査の件数も一万二二一〇件と、前事務年度に比べて一割強減少している。これは、国税通則法改正の影響で事務量が増加し、さらに調査一件当たりの平均日数が一三・九日（前事務年度一二・七日）に増加したことが原因となっている。このように、改正国税通則法の影響で相続税の実地調査の件数が減少していることから、国税庁は平成二六（二〇一四）年一月から、所得税調査で行われている納税者に文書を送付し申告書の見直しを促す取組（簡易な接触）を実施することになっている。このように、所得税、法人税そして相続税の実地調査の件数は、国税通則法の改正によって確実に減少しているのである。

事前通知の法定化

国税通則法七四条の九では、「税務署長等は、国税庁等又は税関の当該職員に納税義務者に対し実地の調査において第七四条の二から第七四条の六までの規定による質問、検査又は提示若しくは提出の要求を行わせる場合には、あらかじめ、当該納税義務者に対し、その旨及び次に掲げる事項を通知するものとする」として、調査に際し、事前通知をする旨を定めている。法定化された「事前通知事項」は、次のとおりである。

①　実地の調査を行う旨
②　調査開始日時
③　調査開始場所
④　調査の目的
⑤　調査の対象となる税目
⑥　調査の対象となる期間
⑦　調査の対象となる帳簿書類その他の物件
⑧　調査の相手方である納税義務者の氏名および住所又は居所
⑨　調査を行う当該職員の氏名および所属官署
⑩　調査開始日時又は調査開始場所の変更に関する事項
⑪　事前通知事項以外の事項について非違が疑われることとなった場合には、当該事項に関し調査ができる旨

これらの「事前通知事項」の通知は、原則として、納税義務者と税務代理人（税務代理権限証書を提出した税理士等）の両者に対して行うことになる。国税庁は事前通知を行う際に、当該職員に対し納税者が理解しやすく丁寧に説明すべきと指導していることや、当該職員がこのような対応に不慣れでナーバスになっているためなのか、当該職員が電話等で事前通知を行う際には、間違えないように文面を機械的に読み上げることが多い。また、税理士に事前通知を連絡するとともに、納税者に対しても同様に連絡することになっている。従前は、

税務代理人に調査の連絡をすれば、税務代理人にその旨を伝えることを依頼すればよかったのであるが、新しい国税通則法では、双方に直接連絡することが求められている。もっとも、納税者から事前通知の詳細を税務代理人から聞く旨の申し立てがあれば、納税者に対しては、実地調査を行う旨のみ通知すればよいことになっている。このように、事前調査の法定化（実質的にはその内容は変わらないのであるが）だけでも税務当局の手間は従前と比べると増えているのである。

物件の提示・提出

国税通則法七四条の二では、「国税庁、国税局若しくは税務署又は税関の当該職員は、所得税、法人税又は消費税に関する調査について必要があるときは……その者の事業に関する帳簿書類その他の物件を検査し、又は当該物件の提示若しくは提出を求めることができる」と規定している。

ここでいう「物件の提示」とは、「当該職員の求めに応じ、遅滞なく当該物件（その写しを含む）の内容を当該職員が確認しうる状態にして示す」ことをいい、「物件の提出」とは、「当該職員の求めに応じ、遅滞なく当該職員に当該物件の占有を移転すること」をいう。また、「必要があるとき」については、具体的な判断基準を法令等で明確に示すことができないことから、最終的には、その調査を担当している税務職員の判断に依らざるをえない。しかしながら、事務運営指針において「調査について必要がある場合において、質問検査等の相手方となる者に対し、帳簿書類その他の物件の提示・提出を求めるときは、質問検査権等の相手となる者の理解と協力の下、その承諾を得て行う」として、当該職員に対し、相手方の理解と協力の下で実施することを指導している。このような物件の提示・提出は、従前と大きく変わるものではないが、事務運営指針等でその運用を具体的に文言化されると、当該職員は自ずと物件の提示・提出を行う際には慎重にならざるをえない。また、税務調査に非協力な納税者等のケースでは、物件の提示・提出を拒否され、説得することに（従前以上に）時間を要することも予想される。そうすると、結果的に、税務調査の日数が増えることになるのである。

留置きのケース

留置きとは、納税義務者から提出された帳簿書類その他の物件につき、税務署等の一定の場所に留置くことである（国税通則法第七章の二（国税の調査）関係通達二―一）。国税庁等または税関の当該職員は、国税の調査について必要があるときは、当該調査において提出された物件を留置くことができる（国税通則法七四の七）。従前においても実際にこのようなことは行われていたのであるが、国税通則法の改正によって、物件の留置きが法律で定められたのである。また「必要があるとき」については、最終的に、税務調査を担当している職員の判断によって決せられることになる。ただ、事務運営指針では次のような場合に物件の留置きの必要性を説明し、帳簿書類等を提出した者の理解と協力の下、その承諾を得て実施することとしている。

① 質問検査等の相手方となる者の事務所等で調査を行うスペースがなく調査を効率的に行うことができない場合
② 帳簿書類等の写しの作成が必要であるが調査先にコピー機がない場合

③　相当分量の帳簿書類を検査する必要があるが、必ずしも質問検査等の相手方となる者の事業所等において当該相手方となる者に相応の負担をかけて説明等を求めなくとも、税務署や国税局内において当該帳簿書類等にもとづく一定の検査が可能であり、質問検査等の相手方となる者の負担や迅速な調査の実施の観点から留置きが合理的と認められる場合

これらの内容は、従前からとられていた判断基準で、今回、事務運営指針で文言化したということで、これによって従来と取扱いが異なるということはないのである。しかしながら、判断基準が文言化されることによって、当該職員は留置きを行う場合慎重にならざるをえないであろう。国税庁等の職員は、物件を留置く場合には、次の項目を記載した書面（以下、「預り証」という）を作成し、これを物件を提出した者に交付しなければならない（国税通則法施行令三〇の三①）。また、預り証には、交付手続として帳簿書類を提出した者の署名押印が求められる。

①　当該物件の名称
②　当該物件の種類
③　当該物件の数量
④　当該物件の提出年月日
⑤　当該物件を提出した者の氏名、住所または居所
⑥　その他当該物件の留置きに関し必要な事項

この手続も、これまでの税務調査で行われてきたことであるが、手続を法定化したゆえに、納税者の理解と協力を得るために、従前以上に労力を要するものと思われる。

印紙税の調査

税理士法において、印紙税の税務代理は認められていないので、他の税目の税務代理人となっている税理士に対して、税務職員は印紙税については説明する必要がないことになっている。したがって、印紙税に係る事前通知や調査結果の説明等については、納税義務者に対して行うことになる。しかしながら、調査結果の説明等に際して、印紙税と他の税目を区分けして、納税義務者と税務代理人に対して説明するということは現実的ではない。税務当局の作成する「争点整理表」の中には、他の税目と並んで印紙税の事項（契約書に印紙が貼っていないなど）も記載されているのであるから、法律上はともかく、実際には納税義務者と税務代理人に説明されることになるのであろう。

調査終了後——申告是認、修正申告の勧奨、更正処分——

税務調査の結果、更正決定等をすべきと認められない場合には、税務署長等は、その時点において更正決定等をすべきと認められない旨を書面で通知することになる（国税通則法七四の一一①）。従来と異なり、納税義務者への通知は、法定化されたことにより徹底されている。これにより、納税者は当該税務調査の結果を明確に知ることができる。従来はこの通知が徹底されていないことによって、いつ調査が終わったのかさえも不明なことがあった。なお、その後に「新たに得られた情報に照らして非違があると認めるとき」には、再度、調査が行われることがあることを明らかにしている（国税通則法七四の一一⑥）。この点は、従前と同じである。

調査の結果、更正決定等をすべきと認められた場合には、税務署等の当該職員は、納税義務者に対し調査の結果の内容を説明することになる。書面で「争点整理表」を納税義務者に示し、それを説明することになるが、それらの準備等に多くの時間を要し、調査期間の長期化の原因にもなっている。また、当該職員は、納税義務者に対して修正申告等を勧奨することができる。ただ、その場合には、不服申立てをすることはできないが、更正の請求をすることができる旨の説明をするとともに、その旨を記載した書面を交付しなければならない（国税通則法七四の一一③）。従前は、更正の請求の期間制限が法定申告期限から一年以内であったが、これが五年に延長されたことによって、更正の請求による税額等の是正も可能になったのである。もちろん、争点整理表の項目について双方の意見が異なり、対立した場合には、従前と同様に、税務署長等は更正処分等を行うことになる。

平成二五（二〇一三）年一月一日から、すべての「不利益処分」について「理由の附記」が必要となった（国税通則法七四の一四）ことから、これらに要する時間等を考慮すると、従来の税務調査の否認傾向に変化が生じる可能性がある。たとえば、重加算税については従来「理由附記」が求められていなかったが、それが求められることによって、重加算税の賦課決定処分の件数が減少するものと思われる。実際、税務調査の現場において税務当局の重加算税の決裁（判断）に時間を要し、なかなか結論がなされないという話をしばしば聞く。

新しい国税通則法によって税務調査の手続の多くが法定化され、それが足枷となり、税務当局側の調査に要する時間が大幅に増加した。税務調査の実地件数の大幅な減少がそれを証明している。また、税務調査の現場においては、新しい手続にとまどいながら行われていることもあって、税務調査の質（職員のモチベーションも含めて）の低下が懸念されるという指摘もある。しかしながら、これらの試行錯誤を経て、新しい税務調査が整備されることを期待したい。

Column

脱税とＯＢ税理士

「こりゃあ、ひどいなあ」

渕崎統括官は新聞を大きく広げてうなった。新聞の見出しには「国税調査官とＯＢ税理士を逮捕」と書かれている。

「どうしたのですか？」

田村上席調査官が渕崎統括官の持っている新聞を覗き込んだ。

「現職の上席調査官が逮捕されたのですか……」

田村上席調査官の表情が歪む。

渕崎統括官も険しい表情である。

「なんで、そんな馬鹿なことをしたのでしょうかね？」

「記事によれば、二人は以前、税務署で一緒に勤務したことがあるらしい」

渕崎統括官は新聞を読みながら答える。

「年齢から言うと、ＯＢ税理士が先輩で上席調査官が後輩、ということになりますね。同じ法人課税部門ですね……」

田村上席調査官も新聞記事を見る。

「しかしこの税理士は以前、国税局を懲戒免職になっているのですよ。懲戒免職された税務職員も退職したら税理士の資格をもらえるのですか？」

田村上席調査官が渕崎統括官に尋ねる。

「懲戒免職ねえ……」

渕崎統括官は判例六法を手に取った。

「国家公務員法八二条（懲戒の場合）一項に『職員が、次の各号のいずれかに該当する場合においては、これに対し懲戒処分として、免職、停職、減給又は戒告の処分をすることができる』と書かれている。懲戒免職は、一番重い処分ということだ」

一　この法律若しくは国家公務員倫理法又はこれらの法律に基づく命令（国家公務員倫理法第五条第三項の規定に基づく訓令及び同条第四項の規定に基づく規則を含む。）に違反した場合
二　職務上の義務に違反し、又は職務を怠った場合
三　国民全体の奉仕者たるにふさわしくない非行のあった場合

「具体的には、国家公務員法九九条の『信用失墜行為の禁止』に該当するのだろうな。この信用失墜行為も懲戒処分の対象になるからね」

職員は、その官職の信用を傷つけ、又は官職全体の不名誉となるような行為をしてはならない。

渕崎統括官は言葉を続ける。

「懲戒免職は、職場内の綱紀粛正及び規律と秩序の維持を目的として懲罰の意味で行う免職のことだが、税理士法四条で欠格条項が示されている……そうそう、この八号に該当すると思う」

渕崎統括官は、税理士法四条八号を読み上げる。

国家公務員法、国会職員法又は地方公務員法の規定により懲戒免職の処分を受け、当該処分を受けた日から三年を経過しない者

「ということは、懲戒免職を受けても三年を経過すれば税務職員は税理士になることが可能になる……」

田村上席調査官は腕を組みながら、首を傾げる。

「税理士の仕事の重要性を考えて、懲戒免職になった税務職員に対しては税理士の資格を与えない、という規定を設けることはできないのでしょうかね？」

「永久に与えないというのも、少し問題があるだろう。三年という期間をもう少し長くしても良い

のかもしれないが」

渕崎統括官は苦笑いする。

「しかしこれは、最終的には税務職員の自覚でしょうね」

田村上席調査官は呟く。

「新聞では、逮捕された税務職員は国税局の『資料調査課』に所属していたこともあると書かれているから、調査能力はあったのでしょうね。……そういえば渕崎統括官も、以前、資料調査課にいましたよね？」

田村上席調査官が尋ねる。


【資料調査課】

一般的に、強制調査である査察調査とは異なり、資料調査課の調査は任意調査ではあるものの、機動的な調査を行い、その職員の税務調査能力は高いと言われている。

国税局の内部では「料調（リョウチョウ）」と呼ばれ、組織の中では「精鋭部隊」と称される部署である。


渕崎統括官は苦笑いしながら、大きく左右に手を振った。

「いやいや私は……税務調査は苦手で、料調では専ら業種ごとの資料収集の仕事を担当していたから、あまり調査そのものはしていないんだよ」

「でも統括官は調査のポイントを的確に指示してくれるから、部下であるわれわれは助かっていますよ」

法人の調査担当者は、準備調査の段階で統括官から調査における指示を受けることになっている。

田村上席調査官は微笑む。

「しかし私は、調査にはあまり向いていないと思う……もう二〇年以上もこの仕事をしているが」

渕崎統括官は新聞に目を落としながら、小さな声で言う。

「私だって、税務調査は好きではありませんよ」

田村上席調査官も同じように呟く。

「おいおい、田村上席にそう言われると、わが法人課税第三部門としては困るよ。君がこの部門のエースなのだから」

渕崎統括官は、真面目な顔で言い聞かせる。

「私が？　エース、ですか？」

田村上席調査官は、少し驚いたような表情を浮かべる。

「そうだよ。君がエースなんだから、頑張ってもらわないと！」

渕崎統括官は、田村上席調査官の肩をたたきながら微笑んだ。

おわりに

申告納税方式下における税務調査は、一般に納税者が自主的に適正な申告と納付を行うようにするための担保としての役割を果たすことが期待されている。すなわち申告納税方式は、納付すべき税額が第一次的には納税者の申告によって確定し、無申告または妥当でない申告の場合には、課税庁の処分（決定または更正）によって税額が第二次的に確定する方式である。

このように適正な課税を担保するためには、税務調査は、申告納税制度の下では必要不可欠な存在である。平成二三（二〇一一）年度の税制改正で、この税務調査に関して詳細な規定が国税通則法の中に取り入れられた。これによって税務調査の現場では実際にどのような問題が生じているのかについて、あえて税務署を舞台として法人課税部門の税務職員を登場させ、検討したのが本書である。もちろん、この税務署内で繰り広げられている会話や議論等は専ら筆者の推測によるものである。おそらくこのような議論が展開されるであろうという事柄について整理し、その整理された事実等を法令等に照らして検討したのである。

新たに国税通則法に設けられた第七章の二（所得税等に関する調査に係る質問検査権、税務調査手続に関する事項を規定）および第七章の三（処分等に関する一般法たる行政手続法との関係（処分の理由附記等）を規定）については、その解釈について多くの関連の通達等は発遣されているものの、税務調査の現場で未だ明らかになっていないものも多くある。
今後、これらの事項については、税務調査の現場において次第に明らかになってくると思われる。本書が先駆けて、税務調査を受ける納税者・税理士等に少しでも役に立つことを願っている。

二〇一四年八月

八ツ尾　順一

【著者紹介】

八ツ尾 順一（やつお　じゅんいち）

1951年生まれ　京都大学大学院法学研究科修士課程修了
日本税法学会理事（1995年～現在）、税務会計研究学会理事（1999年～現在）
税理士試験委員（1997～99年）、公認会計士試験委員〔租税法〕（2007～09年）
現在　近畿大学法学部教授、公認会計士、税理士

〔主な著書〕
『六訂版　租税回避の事例研究』清文社、2014年／『事例からみる重加算税の研究〔第5版〕』清文社、2014年／『六訂版　図解 租税法ノート』清文社、2013年／『相続税の理論と実務』ぎょうせい、2012年／『マンガでわかる遺産相続』清文社、2011年／『新装版　入門 税務訴訟』清文社、2010年

〔受賞〕
「制度会計における税務会計の位置とその影響」で日税研究奨励賞受賞（1986年）

Horitsu Bunka Sha

入門 税務調査
——小説でつかむ改正国税通則法の要点と検証

2014年10月30日　初版第1刷発行

著　者　八ツ尾順一
発行者　田靡純子
発行所　株式会社 法律文化社

〒603-8053
京都市北区上賀茂岩ヶ垣内町71
電話 075(791)7131 FAX 075(721)8400
http://www.hou-bun.com/

＊乱丁など不良本がありましたら、ご連絡ください。
お取り替えいたします。

印刷：亜細亜印刷㈱／製本：㈱藤沢製本
装幀：仁井谷伴子

ISBN978-4-589-03624-7